아토모스 기사단 2

위험한 합동 작전

아토모스 기사단 2
위험한 합동 작전

초판 1쇄 발행 2024년 6월 1일
글 김정욱 | 그림 이경석 | 감수 장홍제
편집 김채은 | 디자인 수박나무 | 제작 박천복 김태근 고형서
마케팅 윤병일 유현우 송시은
펴낸이 김경택 | 펴낸곳 (주)그레이트북스
등록 2003년 9월 19일 제 313-2003-000311호
주소 서울시 구로구 디지털로31길 20 에이스테크노타워5차 12층
대표번호 02-6711-8673 | 홈페이지 www.greatbooks.co.kr

ⓒ 김정욱 이경석, 2024
ISBN 978-89-271-0852-8 74400
　　　978-89-271-0761-3 (세트)

저작권법에 의하여 한국 내에서 보호를 받는 저작물이므로 무단전재 및 복제를 금합니다.

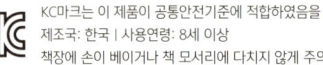

KC마크는 이 제품이 공통안전기준에 적합하였음을 의미합니다.
제조국: 한국 | 사용연령: 8세 이상
책장에 손이 베이거나 책 모서리에 다치지 않게 주의하세요.

아토모스 기사단 2

위험한 합동 작전

김정욱 글 | 이경석 그림 | 장홍제 감수

차례

지금까지의 이야기   8
등장인물   10
프롤로그   12

단서를 찾아서   18
- 이찬 쌤의 과학 수업   38
- 스토리 속 숨은 과학   39

자판기 도둑의 정체   42
- 이찬 쌤의 과학 수업   58
- 스토리 속 숨은 과학   61

비밀스러운 잠복   62
- 이찬 쌤의 과학 수업   84
- 스토리 속 숨은 과학   87

외계 생명체의 역습   88
- 이찬 쌤의 과학 수업   102
- 스토리 속 숨은 과학   111

위험한 합동 작전   114
- 이찬 쌤의 과학 수업   128
- 스토리 속 숨은 과학   131

에필로그   132

수호의 비밀 연구노트   136
: 철 니켈 구리 아연

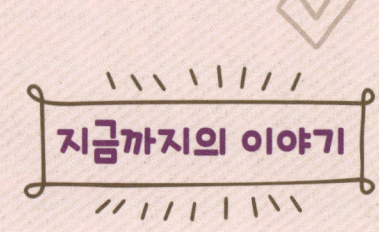

지금까지의 이야기

12년 전, 지구에 운석이 떨어졌다. 운석의 충격으로 거대하게 변한 호수를 사람들은 유성호라고 부르기 시작했고, 마을 이름 역시 운석 마을이 되었다.

운석 마을에 사는 열두 살 수호는 소문난 악동으로, 원소를 다룰 수 있는 특별한 능력을 가지고 태어났다. 하지만 사람들은 이들을 운석 돌연변이라고 부르며 차별했고, 이런 까닭에 대부분의 운석 돌연변이들은 정체를 감추고 살아가고 있었다. 수호 역시 자신이 어떤 힘을 가지고 있는지 정확하게 알지 못한 채 자신을 따돌리는 아이들과 자주 싸움을 일으켰다.

그렇게 또 한 번의 전학을 가게 된 수호. 학교에 가던 중 위험에 처한 새끼 고양이를 구하려 나무에 올라갔다가 느닷없이 나타난 소년 때문에 나무에서 떨어지고 만다. 화가 난 수호는 자신의 주특기인 투명한 실을 만들어 공격하지만 소년은 놀라기는커녕 알쏭달쏭한 말만 남긴 채 사라진다.

지각을 한 벌로 과학실 청소를 하던 수호는 그곳에서 만난 주희의 추천으로 비밀 동아리 아토모스 기사단에 들어간다. 아토모스 기사단은 운석변이 아이들이 모여서 자신이 가진 능력을 연구하며 수련하는 동아리였다.

운석변이 아이들처럼 원소를 다루는 능력을 가진 외계 생명체와 맞닥뜨린 수호는 이들에게 맞서 싸우는 방법을 찾기 위해 이찬 선생님의 지도 아래 원소에 대해 하나씩 배워 나간다.

등장인물

수호의 가족

수호
생각보다 몸이 먼저 반응해
가는 곳마다 문제를 일으키는 말썽꾸러기다.
고모인 미미와 함께 살고 있다.

코코
수호가 구해 준 길고양이.
수호가 가는 곳이라면
어디든 함께한다.

미미
30대 중반 만화 작가로 수호의 보호자다.
평소에는 게으르지만
수호를 챙기는 일에는 진심이다.

진박사
수호의 아버지이자 우주 연구소 소장.
12년 전 유성이
떨어진 날 실종됐다.

학교 사람들

이찬
아토모스 기사단 지도 교사.
덤벙거리는 모습과 달리 누구보다
과학에 해박하다.

주희
상냥하고 친절하다.
원소를 파악하는 능력이
뛰어나다.

아토모스 기사단

시온
훤칠한 키에 파란 눈을 가진 꽃미남.
차갑고 퉁명스럽다.

진진
말도 많고 허풍도 심한 동네 정보통이다.
대범이와 항상 붙어 다니는
절친이다.

대범
덩치가 크고 나이 들어 보이는 얼굴로
인해 아저씨 취급을 당하기
일쑤지만 마음은 여리다.

우주에서 온 불청객

카르칸
안드로메다 성운 최고의 악당.
세상 모든 원소를 다룰 수 있는
절대 능력자다.

조르조르
카르칸의 명령에 따라 지구의
희귀한 원소를 훔치려 한다.

단서를 찾아서

 수업이 끝날 무렵, 유성 초등학교 운동장에 경찰차 한 대가 들어왔다. 어떻게 소문이 퍼졌는지 학교의 많은 아이들은 이미 수호 집에서 벌어진 사건에 대해 알고 있는 눈치였다.
 운석 마을 13지구 지구대에서 나온 오명남 경장과 장수철 순경은 이찬 선생님과 수호, 주희, 시온을 음악실로 따로 불러 전날 있었던 일에 대해 이것저것 물었다. 다행히 조사는 그리 길게 이어지지 않았다.
 "조사에 협조해 줘서 고맙구나. 너희가 봤다는 생명체는 우리가 잡을 테니 아무 걱정 말거라. 이래 봬도 우리가 지금까지 해결하지 못한 사건은 없거든."

이찬 선생님과 아이들로부터 들은 얘기를 정리한 오 경장은 자신감 넘치는 표정으로 미소를 지어 보였다. 그러나 출렁이는 뱃살 때문인지 수호는 그의 말에 그다지 믿음이 가지 않았다.

"무슨 단서라도 찾은 건가요?"

"글쎄, 단서라기보다 오랜 수사 경험에서 오는 촉이라고나 할까? 무엇보다 범인은 언제나 사건 현장에 되돌아오게 돼 있지. 그러니까 너희 집 근처에서 잠복 수사를 하게 되면 머지않아 범인을 잡을 수 있을 거다."

오 경장은 침까지 튀기며 호탕한 웃음을 지었다.

"맞아, 우리 오 경장님은 약속한 건 반드시 지키는 분이지!"

옆에서 장 순경이 거들었다.

"그런데 너희 집이 어디라고 했더라? 아까 주소를 적어 둔 거 같은데. 장 순경, 자네 혹시 봤나?"

"이거 아닌가요?"

"그건 이메일 주소고!"

"그럼 이건요?"

"그건 우리 지구대 주소잖아!"

이찬 선생님과 아이들은 오 경장과 장 순경이 서류를 뒤적이며 우왕좌왕하는 모습을 한심한 표정으로 지켜볼 수밖에 없었다.

경찰이 떠난 뒤, 아이들과 이찬 선생님도 학교를 천천히 나섰다. 다른 학생들은 모두 집에 갔는지 학교는 무척이나 조용했다. 교문 근처에서 수호를 기다리던 코코가 일행에게 달려와 꼬리를 치켜세우고 머리를 비비며 반가워했다.

"수호는 당분간 조심하는 게 좋을 것 같구나. 혹시 그 외계 생명체가 다시 찾아올지도 모르니 말이야."

"걱정 마세요. 그딴 녀석 다시 눈에 띄기만 하면!"

수호는 어깨에 한껏 힘을 주며 대답했다. 시온은 수호가 허세를 부리도록 가만두지 않았다.

"훗, 허풍이 심한 거 아냐? 자칫했으면 화재로 집을 날릴 뻔 했으면서."

"무슨 말이죠? 시온 선배가 도와주지 않았어도 그 정도는 저 혼자 처리할 수 있었거든요!"

"그 실력으로?"

"뭐라고요!"

수호와 시온이 싸울 듯 으르렁거리자 당황한 이찬 선생님과 주희가 서둘러 두 사람을 떼어 놓았다.

"둘 다 제발 그만해!"

"그래, 지금은 이럴 때가 아니다. 아무래도 외계 생명체가 본격적으로 활동을 시작한 모양이야. 더 큰일이 일어나기 전에 그들이 어디에서 어떻게 왔는지, 그리고 뭘 하려는 건지 알아내야 해."

이찬 선생님의 말이 옳았다. 운석이 떨어진 뒤 유성호 근처에서 외계 생명체의 목격담이 심심찮게 들렸지만 이번처럼 큰 피해를 준 일은 흔치 않았다. 어서 그들의 정체와 목적을 알아내야 했다.

"참! 오늘 아침에 마당에서 이런 걸 발견했어요. 이게 외계 생명체와 관련이 있을까요?"

수호는 주머니에서 수건을 꺼냈다. 수건을 펼치자 반짝이는 부스러기 같은 게 보였다.

"흠, 뭔가 금속 종류인 거 같은데."

"금속이요?"

"겉으로만 봐서는 정확히 무엇인지 말하기가 힘들구나."

이찬 선생님은 머리를 긁적이며 도움을 청하듯 주희를 바라보았다. 그러자 주희는 반짝이는 금속 부스러기에 시선을 고정한 채 온 신경을 집중했다. 이내 주희의 눈에 금속 부스러기의 원자가 모습을 드러냈다.

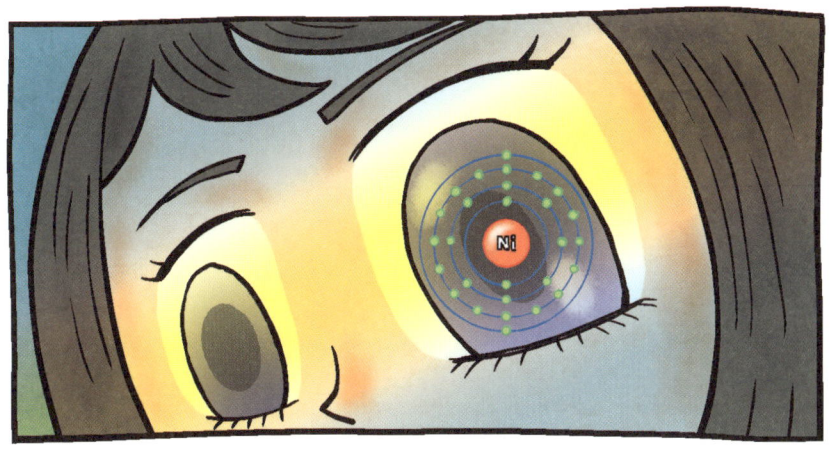

"이건 니켈이에요."

"니켈? 꼭 무슨 외국인 이름 같네."

수호는 처음 듣는 낯선 용어에 고개를 갸웃거렸다. 시온은 그런 수호를 보고 고개를 가로저었다.

"한심하긴. 니켈은 금속 원소 중 하나야. 원자 번호 28번이고 전이 원소에 속하지."

"그, 그 정도는 나도 알거든?"

수호는 지기 싫어 아는 척을 했지만 사실 시온이 한 말을 이해할 수 없었다. 수호의 생각을 읽었는지 이찬 선생님이 얼른 끼어들어 설명을 덧붙였다.

"너무 어렵게 생각할 거 없어. 원자 번호란 주기율표에서 각 원소마다 주어진 원소 고유의 번호이고 전이 원소는 주기율표의 원소들을 특징에 따라 분류했을 때 니켈이 속한 그룹을 지칭하는 말이야. 그런데 그것보다 지금 중요한 건 니켈의 특징이야."

"어떤 특징이요?"

"니켈은 은백색의 광택이 있는 단단한 금속이야. 자석을 만들 때 사용되기도 하고, 공기 중에서 쉽게 산화되지 않아 도금이나 합금 재료로도 널리 쓰이고 있거든."

"산화는 또 뭐죠?"

수호가 다시 고개를 갸우뚱거리자 시온이 인상을 찌푸렸다.

"산 넘어 산이네. 제발 공부 좀 해라. 여기서 산화는 어떤 물질이 산소와 결합하는 걸 뜻해. 예를 들어 철이 산화된다는 건 철이 공기 중의 산소와 결합해 녹이 스는 거야."

시온의 타박에 수호는 기분이 나빴지만 그렇다고 화를 내기에는 눈치가 보였다.

"어쨌든 이게 정말 외계 생명체로부터 나온 거라면 좀 더 알아볼 필요가 있을 것 같아요."

주희의 말에 이찬 선생님이 고개를 끄덕였다.

"주희 말이 맞다. 외계 생명체도 원소를 다룬다는 게 확인된 이상 니켈을 왜 가지고 있었는지 조사해 봐야지. 어쩌면 이건 그들의 정체를 밝히는 데 중요한 단서가 될지 몰라."

수호와 주희, 시온의 눈이 동시에 반짝였다. 이찬 선생님은 평소와 달리 웃음기 없는 말투로 한마디를 덧붙였다.

"앞으로 외계 생명체를 쫓다 보면 위험한 일이 생길지도 몰라. 그럴 때일수록 힘을 합쳐야 한다. 멋대로 행동하는 사람은 벌로 한 달 간 동아리 방 청소를 해야 할 거야."

한 치 앞도 분간하기 어려울 정도로 어두운 동굴. 그곳에서 조르조르는 벌써 몇 시간째 벌 받는 아이처럼 무릎을 꿇고, 누군가를 기다리는 듯했다.

"조르조르, 거기 있느냐?"

오랜 침묵을 깨고 낮은 음성이 들려오자 조르조르는 재빨리 머리를 조아렸다.

"네, 카르칸 님. 일어나시길 기다리고 있었습니다. 안녕히 주무셨는지요?"

조르조르의 목소리에 반대편 벽 쪽에서 검은 그림자가 꿈틀거렸다.

"잠을 설쳤다."

"네? 어째서……?"

조르조르가 놀란 토끼 눈이 되어 고개를 들자 어둠 속에서 종유석처럼 생긴 날카로운 쇳덩이가 날아와 조르조르 앞에 박혔다. 동시에 카르칸의 쩌렁쩌렁한 고함이 동굴 안을 메웠다.

"그걸 몰라서 묻느냐!"

"카, 카르칸 님! 용서해 주십시오! 어떻게 해서든 필요한 원소들을 확보하려고 했는데, 바보 같은 녀석이 지구인에게 발각돼서 그만……."

겁에 질린 조르조르는 바닥에 납작 엎드린 채 두 손을 싹싹 비볐다.

"그게 무슨 소리냐?"

"네?"

"난 동굴 속으로 뱀이 기어들어 잠을 설친 걸 얘기한 건데, 넌 내가 모르는 잘못을 한 모양이구나."

도둑이 제 발 저린다고, 조르조르는 자신이 바보 같은 실수를 했다는 걸 깨달았다. 하지만 이미 상황을 되돌리기엔 늦었다. 오랜 경험상 이럴 땐 빨리 용서를 구해야 한다는 걸 그는 알고 있었다.

"죄송합니다. 보고드린다는 걸 깜박했습니다. 하지만 한층 뛰어난 부하를 새로 만들었으니 부디 노여움을 푸십시오."

조르조르의 애원이 먹혔는지 카르칸의 목소리는 처음보다 누그러졌다.

"조르조르, 우리가 지구에 온 지도 어언 십 년이 넘었다. 비록 처음 이곳에 도착했을 때는 목숨이 위태롭기도 했지만 이제 몸도 거의 회복되었다. 하루빨리 우리에게 필요한 것들을 찾아 돌아가야 할 것이다."

"알고 있습니다. 안 그래도 가장 먼저 필요한 원소들을 확보하기 위해 한층 뛰어난 녀석을 준비했습니다. 염려 마십시오. 카르칸 님."

조르조르의 얼굴엔 어느새 자신감 넘치는 미소가 번지고 있었다.

화창한 주말.

주말이면 늦잠이나 자고 있을 수호가 무슨 일인지 아침부터 서둘러 집을 나섰다. 물론 개냥이 코코도 함께였다. 공원으로 한달음에 달려간 수호는 편의점 창문에 자신의 모습을 비춰 보며 한참 동안 옷매무새를 가다듬었다.

"코코야, 오늘 나 어때? 이 정도면 괜찮지 않아?"

"냐아~옹."

코코는 그런 수호가 이상한지 고개를 갸웃거렸다. 하긴 수호가 주말에 일찍 일어난 것도 모자라 잘 차려입는 건 일 년에 한 번 있을까 말까 한 신기한 일이었다. 수호는 들뜬 마음을 진정시키려는 듯 크게 숨을 내쉬었다. 하지만 두근거림은 쉽게 가라앉지 않았다. 그도 그럴 것이 어제저녁 주희로부터 반가운 문자 하나를 받았기 때문이다.

> 수호야, 내일 특별한 일 없으면 같이 외계 생명체에 대한 단서를 찾아볼래?

'이건 데이트 신청이 분명해. 역시 주희는 처음부터 나한테 관심이 있었던 거야. 만나면 나도 좋아한다고 고백해야 할까? 아니면 모른 척해야 하나?'

수호가 행복한 상상에 빠져 있을 때, 주희의 목소리가 들렸다.

"수호야, 일찍 왔네?"

"어! 일찍은 뭐 그냥……."

고개를 돌리는 순간 수호는 말을 끝맺을 수 없었다. 어떻게 된 일인지 주희 옆에는 수호가 끔찍이 싫어하는 시온이 서 있었다.

"두 사람이 왜 같이……?"

수호가 못마땅한 표정을 짓자 시온 역시 수호를 보고 얼굴을 찡그렸다.

"뭐야? 만날 사람이 있다더니 이 녀석이었어? 이런 바보랑 같이 어울리느니 나 혼자 다니겠어."

"누가 바보라는 거야! 선배면 다야?"

시온의 도발에 수호가 발끈하자 두 사람은 금방이라도 싸울 듯했다. 깜짝 놀란 주희가 둘 사이에 끼어들어 말렸다.

"그러지 말고 함께 외계 생명체에 대한 단서를 찾도록 해요. 혼자보다는 여럿이 다니는 게 안전하니까요."

"이 녀석처럼 아는 거 하나 없는 바보는 오히려 방해만 돼. 설명만 하다 시간이 다 갈걸?"

"누가 할 소리! 아는 게 많다고 잘난 척이나 하고! 후배를 도와줄 생각은 안 하고 무시나 하는 게 누군데!"

아무래도 사태가 진정될 기미가 보이지 않자 주희는 마지막 카드를 꺼내 들었다.

"이찬 쌤이 혼자 다니는 건 위험하니 되도록 여럿이 함께 다니라고 했단 말이에요! 게다가 멋대로 행동하면 한 달간 동아리 방 청소를 맡기겠다고 했던 말 기억 안 나요?"

청소라는 말에 수호와 시온은 금세 조용해졌다.

"쳇, 어쩔 수 없지. 대신 옆에서 거치적거리면 가만 안 둘 테니까 알아서 해."

"선배야말로 내 앞길 막지 마요."

겉으론 일단 조용해졌지만 두 사람 모두, 마음은 서로에 대한 경쟁심으로 가득했다.

수호는 속으로 생각했다.

'흥, 누가 질 줄 알고? 제대로 된 단서를 찾아내는 건 바로 나라고.'

그때 편의점에서 나오던 오 경장과 장 순경이 아이들을 발견하고 아는 척을 했다.

"어! 지난번 학교에서 봤던 애들이구나."

"안녕하세요."

"그런데 여기서 뭐 하세요?"

주희가 의아한 얼굴로 묻자 장 순경이 대단한 비밀이라도 알려 주는 것처럼 몸을 숙인 채 손으로 입을 가리고 소곤거렸다.

"사실은 요즘 이 근처 편의점을 돌면서 돈을 훔치는 도둑이 있어서 수사 중이야."

"도둑이요?"

"그래. 도둑이 들어 피해를 입은 곳이 벌써 열 군데가 넘어."
"그렇게나 많이요?"
"그런데 이상한 게 지폐는 그냥 두고 동전만 가져갔단다. 아무래도 모자란 도둑인가 봐."
"장 순경, 수사 중인 내용을 함부로 누설하면 안 돼."
"죄송합니다. 오 경장님!"
"그럼 우린 더 조사할 곳이 있어 가 볼 테니 혹시 수상한 사람이 보이면 반드시 지구대로 연락하도록 해라."

오 경장과 장 순경이 떠나고 아이들도 외계 생명체에 대한 단서를 찾아 움직이기 시작했다.

수호와 주희, 시온은 공원과 그 주변을 한 시간이 넘도록 둘러보았지만 외계 생명체나 니켈과 관련된 단서는 찾을 수 없었다. 그 때문일까? 조금은 기운이 빠진 듯 수호가 한숨을 쉬며 말했다.

"아무리 찾아도 외계 생명체와 관련된 단서는 없어."

"처음부터 방향이 잘못된 거 아닐까?"

주희의 말에 수호가 맞장구쳤다.

"그런 거 같아. 목격자도 없고 그 어떤 흔적도 없어. 니켈 조각 하나도 발견하지 못했어."

수호와 주희가 고민 가득한 표정을 짓자 이번엔 시온이 입을 열었다.

"니켈 조각에 연연할 필요는 없다고 봐. 어차피 중요한 건 외계 생명체의 흔적이야. 녀석이 어디로 사라졌는지 그것만 알면 다 해결돼."

"그건 맞지만 흔적이 전혀 없으니까요. 만일 그 니켈이 정말 외계 생명체가 떨어뜨린 것이고, 어떤 목적으로 니켈을 가지고 있었는지 알게 되면 그걸 이용해서 우리가 대비할 수 있지 않을까요?"

주희는 시온의 표정을 살피며 조심스럽게 자신의 의견을 펼쳤다. 그때 갑자기 수호가 끼어들었다.

"흠……. 두 사람 말이 다 일리가 있다고 생각해. 하지만 내 생각에 지금 가장 중요한 건……."

시온과 주희의 시선이 수호에게 쏠렸다. 코코도 기대 어린 표정으로 수호를 올려보았다.

"……배고픈데 뭐 좀 먹고 하면 안 될까?"

수호가 머리를 긁적이며 배시시 웃었다. 시온과 주희는 어처구니가 없었다.

"내가 이럴 줄 알았어. 머리가 나쁘면 부지런하기라도 해야지. 한 것도 없이 먹을 거 타령이라니. 그렇게 먹고 싶으면 혼자 가서 먹어."

시온이 발길을 돌려 떠나자 당황한 주희가 시온을 부르며 그 뒤를 쫓았다.

"선배! 기다려요. 시온 선배!"

시온은 주희에게 눈길도 주지 않고 멀어졌다. 공터에는 수호만 혼자 남았다. 수호는 주희가 자기만 남겨 두고 시온 선배를 따라간 게 적지 않게 서운했다.

'쳇, 너무해. 나는 신경도 안 쓰고.'

툭하면 자기를 무시하는 시온의 콧대를 눌러 주고 싶었다. 하지만 그러기엔 배가 너무 고팠다.

'일단은 뭔가 먹어야겠어.'

수호는 주머니를 뒤졌다. 주머니에서 찾은 건 오백 원짜리 동전 두 개가 전부였다.

"이걸론 라면도 못 먹는데. 뭐 좋은 방법이 없나?"

문득 마을 체육관 근처에서 보았던 자판기가 떠올랐다.

"참! 체육관 옆에 과자 자판기가 있었지!"

수호는 급한 대로 자판기에서 과자라도 사 먹기 위해 체육관을 향해 달려갔다.

수호의 기억대로 건물 옆에는 몇 대의 자판기가 있었다.

"헤헤, 있다! 있어!"

허기진 배를 채울 수 있다는 생각에 수호는 얼른 자판기에 동전을 넣었다. 그러나 어떻게 된 건지 버튼이 눌리지 않았다.

"뭐야? 이게 왜 이러는 거지? 자판기가 이상해!"

"냐아옹~."

코코를 내려다보는 순간 자판기 아래쪽이 부서져 있고, 바닥에 지폐 몇 장이 떨어져 있는 게 보였다. 옆에 있는 다른 자판기도 마찬가지였다.

"이게 어떻게 된 거지?"

쾅쾅

체육관 건물 모퉁이 너머에서 심상치 않은 소리가 났다.

수호는 건물 벽에 몸을 밀착시킨 채 조심스럽게 고개만 내밀어 모퉁이 너머를 살펴보았다.

'저건?'

자판기 앞에는 커다란 등산용 가방을 둘러메고 벙거지 모자를 눌러쓴 누군가 육중한 물건을 손에 들고 자판기를 부수고 있었다. 순간 경찰들이 했던 말이 떠올랐다.

'저 사람이 편의점에서 동전을 훔쳐 간 범인!'

1강 전이 원소는 모두 금속이다

전이 원소는 주기율표에서 3~12족에 모여 있는 원소들을 부르는 말이야. 흔히 주기율표에서 같은 족(세로)으로 묶여 있는 원소들은 서로 비슷한 성질을 갖는다고 해. 하지만 전이 원소는 이 규칙을 따르지 않아. 족마다 비슷한 성질을 갖는 1, 2족과 13~18족의 전형 원소들 가운데 위치하고 있어서 '전형 원소로 옮겨 가는 중간에 위치한 원소'라는 의미에서 전이 원소라는 이름이 붙게 되었어. 철이나 니켈, 구리, 은, 금처럼 우리에게 익숙한 금속들이 전이 원소에 속해!

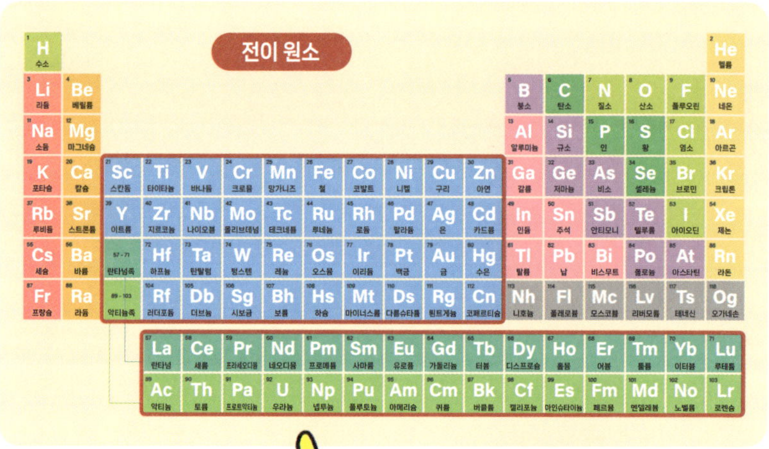

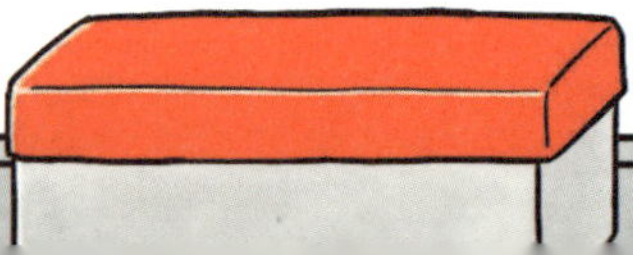

지구의 중심을 이루는 주요 원소, 니켈

니켈은 지구 깊은 곳에 있는 핵에 철과 함께 자리 잡고 있어. 과학자들은 지구가 처음 만들어지고 생명체가 탄생하는 과정에서 니켈이 중요한 역할을 했을 거라 예상해. 최근에는 니켈이 물에서 친환경 연료인 수소를 분리하는 데 도움을 준다는 사실이 발견되서 많은 관심을 받고 있어.

악마의 구리로 불린 니켈

중세 독일에서는 구리색을 띠는 광석을 발견하고 구리를 추출하려고 했지만 실패했어. 더구나 그 과정에서 사람 몸에 좋지 않은 증기가 발생하는 바람에 사람들은 이 광석을 '악마의 구리'라고 불렀지. 사실 그들이 발견한 건 구리가 아닌 니켈이 포함된 광석이었어. 니켈이 독성 원소인 비소(As)와 합쳐지면 구리처럼 보이기도 하거든. 오늘날에는 광석에서 니켈만을 안전하게 추출하는 기술이 개발됐지.

스토리 속 숨은 과학

자판기는 어떻게 동전을 구분할까?

수호는 과자를 사 먹기 위해 500원짜리 동전 두 개를 들고 자판기로 달려갔다. 그런데 자판기는 동전이 얼마짜리인지 어떻게 알 수 있을까?

자판기의 동전 투입구 안에는 자석이 붙은 관이 있다. 동전이 그 사이를 지나가게 되면 자력의 영향을 받는데, 동전을 이루는 금속의 종류에 따라 자력의 영향을 다르게 받는다. 그리고 이 차이 때문에 떨어지는 속도가 달라진다. 10원 주화*는 구리 48%와 알루미늄 52%, 50원 주화는 구리 70%, 아연 18%, 니켈 12%, 100원과 500원 주화는 구리 75%와 니켈 25%로 이루어졌다. 100원과 500원 동전은 크기와 무게가 달라 자판기가 구분이 가능하다. 같은 원리로 외국 동전이나 불량 주화도 판별할 수 있다.

*2006년 12월 18일 이전 발행된 10원 주화는 구리 65%, 아연 35%로 이루어짐.

자판기 도둑의 정체

 저녁 먹을 시간이 되려면 멀었지만 수호의 집 주방은 부산스러웠다. 평소 같으면 늘어난 추리닝을 입고 소파에 누워 밀린 드라마나 보고 있을 미미였지만 오늘은 깔끔하게 입고 정성스럽게 과일을 깎고 있었다.
 "죄송해요. 내놓을 만한 게 과일밖에 없어서. 혹시 뭐 좋아하시는 거라도……."
 "이거면 충분합니다. 사과가 아주 맛있네요."
 이찬 선생님의 칭찬에 미미의 뺨이 빨개졌다.
 "사실 제가 요리하는 걸 좋아해서요. 다음에는 식사라도 하러 오세요."

요리하는 걸 좋아한다는 말과 달리 미미의 배달 앱에는 십만 포인트 넘게 쌓여 있었다. 미미의 제안이 부담스러웠던 이찬 선생님은 얼른 화제를 돌렸다.
　"고맙습니다. 그보다 아까 제가 했던 얘기는 생각해 보셨나요?"
　"아 참! 내 정신 좀 봐. 외계 생명체가 습격하던 날, 특별한 일이 있었는지 물으셨죠?"
　"사소한 것도 괜찮습니다."
　미미는 턱을 괸 채 그날의 일을 찬찬히 되짚어 보았다. 하지만 아무리 생각해도 떠오르는 게 없었다.
　"갑자기 일어난 일이라……."
　"정신을 잃어서 기억나는 게 별로 없는 모양이군요."
　"도움이 되지 못해서 죄송해요."
　"아닙니다."
　이찬 선생님도 더 이상 묻기가 미안한 나머지 자리에서 일어서려고 했다. 그때 미미가 다급하게 말했다.
　"아! 그러고 보니 한 가지 이상한 점이 있었어요!"
　"그게 뭐죠?"
　이찬 선생님이 잔뜩 기대하는 눈으로 미미를 바라보았다.
　"그날 돼지 저금통이 사라졌어요."

"……돼지 저금통이요?"

이찬 선생님은 실망한 눈치였다.

"수호가 가져간 건 아닐까요?"

이찬 선생님은 대수롭지 않게 말했지만 미미는 손사래를 쳤다.

"그렇진 않을 거예요. 수호가 거칠고 말썽을 부리긴 하지만 남의 물건에 함부로 손을 댄 적은 없거든요. 게다가 그 저금통은 제가 시장에 다녀와서 남은 동전을 모아 두던 거라 뜯어 봐야 몇 푼 되지도 않는걸요."

이찬 선생님은 아무런 소득도 없이 미미의 배웅을 받으며 집을 나섰다. 차에 올라타 시동을 걸려는 순간, 아침에 들었던 편의점 동전 도둑에 대한 얘기가 떠올랐다.

'돼지 저금통의 동전을 노린 건가?'

어쩌면 편의점에서 동전을 도둑맞은 것과 수호의 집에서 저금통이 사라진 게 모두 외계 생명체의 짓일지도 모른다는 생각이 들었다. 그리고 그 예상이 맞다면 외계 생명체는 동전에 들어 있는 어떤 원소를 노린다고 추측할 수 있었다.

'설마 그날 외계 생명체가 저금통을 훔치려다 미미 씨와 마주친 건가? 그렇다면 뒷마당에서 발견한 니켈 조각은……'

순간 조각난 퍼즐이 맞춰지는 느낌이 들었다.

"틀림없어! 동전에서 니켈을 뽑아낸 거야!"

그 시각. 자판기 도둑을 목격한 수호는 망설임 없이 벙거지 모자를 쓴 도둑을 향해 발차기를 날렸다.

"이 도둑놈! 꼼짝 마!"

하지만 어쩐 일인지 수호의 발차기는 가방에 막혀 아무런 효과가 없었다. 오히려 공격한 수호에게 고통을 안겼다.

"도대체 가방에 뭐가 들어 있는 거야?"

그제야 벙거지를 쓴 도둑은 천천히 수호를 향해 몸을 돌렸다. 모자 아래로 돌하르방처럼 생긴 얼굴이 얼핏 보였다.

"위험. 방해하면 공격한다."

"뭐?"

말이 끝나기 무섭게 자판기 도둑의 주먹이 수호를 향해 날아왔다.

콰앙!

엄청난 굉음이 주변을 가득 메웠다.

 수호가 몸을 뒤로 빼며 피하지 않았더라면 크게 다칠 뻔한 상황이었다. 자세히 보니 자판기 도둑의 주먹이 예사롭지 않았다. 얼굴이나 팔은 돌덩이처럼 생겼는데 손만 금속으로 되어 있었다. 수호는 그제야 자판기 도둑이 인간이 아닌 외계 생명체라는 걸 깨달았다.
 "여기서 뭘 하는 거지?"
 "위험. 방해하면 공격한다."

하지만 자판기 도둑은 똑같은 말만 되풀이하며 수호를 향해 다가왔다. 수호는 연필을 꺼내, 연필 속 탄소를 이용해 방패를 만들었다.

"탄소 나노 튜브 방패!"

하지만 자판기 도둑의 주먹에 방패는 박살이 났다. 배짱 좋은 수호였지만 이마에서 식은땀이 흐르기 시작했다. 코코 역시 자판기 뒤에 숨어 눈치만 보고 있었다.

'상대가 안 돼. 대체 저 녀석 주먹은 뭘로 만들어진 거지?'

수호는 자판기 도둑이 어떤 원소를 이용해 주먹을 강하게 만들었다고 확신했다. 그리고 그 원소가 무엇인지 알 수 있다면 자신도 충분히 맞설 수 있을 거라고 생각했다.

수호의 생각을 알아챈 듯 자판기 도둑은 수호가 답을 찾아낼 시간을 주지 않고 공격해 왔다. 다행히 파괴력에 비해 움직임은 느렸기에 수호는 자판기 도둑의 공격을 어렵지 않게 피할 수 있었다. 그러나 언제까지 피해 다닐 수만은 없는 노릇이었다.

'이대로 계속 끌려다닐 순 없어. 약점을 찾아야 해.'

역습의 기회를 노리던 수호는 자판기 도둑이 머뭇거리는 틈에 재빨리 그의 뒤로 돌아가 자판기 도둑의 엉덩이를 걷어찼다.

"야앗!"

"어어!"

걷어찬 수호의 발도 얼얼했지만 자판기 도둑은 중심을 잃고 비틀거리다 그대로 앞으로 고꾸라졌다. 그 충격으로 등에 메고 있던 가방이 열리면서 동전이 쏟아졌다.

"이 많은 걸 다 훔친 거야?"

수호는 예상 밖의 광경에 놀랐다. 자판기 도둑의 강력한 주먹과 동전이 어떤 연관이 있는 게 아닌가 싶었다.

'동전에 들어 있는 원소를 이용해서 주먹을 강하게 만든 건가? 그렇다면 나도 저걸 이용하면……'

그 사이 외계 생명체는 뒤뚱거리며 몸을 일으켰다.

"경고! 경고! 더 이상 방해하면 가만두지 않는다."

외계 생명체는 한층 더 화가 난 표정으로 수호를 향해 번쩍이는 주먹을 내밀었다. 순간 외계 생명체의 주먹이 거대한 망치로 변했다. 위기를 직감한 수호는 뒤로 피하며 바닥에 떨어진 동전을 한 움큼 집어 들었다.

'그래, 어차피 밑져야 본전이야!'

수호는 집중한 채 동전에서 금속 원소를 뽑아내 짧은 단검을 만드는 상상을 했다. 수호의 바람대로 번쩍이는 광채와 함께 짧은 단검이 순식간에 만들어졌다.

"됐어! 성공이야!"

기쁨도 잠시. 망치로 변한 외계 생명체의 주먹이 수호를 향해 날아오자 수호는 서둘러 단검을 들어 막았다. 하지만 기대와 달리 수호의 단검은 망치의 상대가 되지 못했다. 칼날이 엿가락처럼 휘어 버린 것이다.

'다, 단검이!'

수호가 주춤거리는 틈을 타 외계 생명체는 다시 한번 망치를 높이 쳐들었다. 깜짝 놀란 코코가 날카로운 소리를 지르며 외계 생명체를 향해 달려들었지만 아무 도움이 되지 못했다.
"멈춰!"
이찬 선생님의 목소리와 함께 돌덩이 하나가 날아왔다.

 돌덩이는 외계 생명체의 뒤통수에 정확히 맞았다. 멀지 않은 곳에서 이찬 선생님이 죽을힘을 다해 달려오고 있었다.
 아무래도 상황이 불리하다는 생각이 들었는지, 외계 생명체는 숲으로 도망치기 시작했다.
 "거기 서지 못해!"
 수호는 멈추라고 고함을 질러 댔지만 정작 추격할 엄두는 내지 못했다. 그 사이 이찬 선생님이 가까이 왔다.
 "수호야 괜찮니? 다친 데는 없어?"
 "전 아무렇지도 않아요."
 수호는 짐짓 센 척 굴었지만 속으로는 자신이 만든 단검이 휘어진 것에 적잖이 충격을 받은 상태였다.
 "쌤, 제가 보기엔 외계 생명체가 동전을 훔친 뒤, 그 속에 있

는 원소를 이용해 금속 물질을 만드는 것 같았어요."

"나도 봤다. 손이 금속으로 된 망치 모양이더구나."

"저도 동전을 이용해 단검을 만들었는데, 외계 생명체의 망치와 부딪치자 휘어져 버렸어요."

이찬 선생님은 바닥에 떨어져 있던 단검을 살펴보더니 말했다.

"그건 네가 만든 칼이 외계 생명체의 망치보다 약했기 때문일 거야."

"제가 만든 칼이 약하다고요?"

같은 동전으로 만든 건데 뭐가 다르다는 건지, 수호는 이찬 선생님의 말을 도통 이해할 수 없었다. 이찬 선생님은 외계 생명체가 바닥에 떨어뜨리고 간 동전 몇 개를 들고 설명을 이어 나갔다.

"네가 만든 단검은 붉은빛을 띠고 있어."

아까는 경황이 없어서 눈치채지 못했지만 이찬 선생님의 말대로 수호가 만든 단검은 붉은빛이었다.

"그게 왜……?"

"동전은 한 가지 금속 원소로 이뤄져 있지 않아. 게다가 동전 종류에 따라서도 다르고. 그런데 넌 그 금속 원소들 중에서도 하필이면 가장 무른 구리를 뽑아낸 거야."

"구리요?"

"구리의 원소 기호는 Cu, 원자 번호 29번에 해당돼. 연성이 커서 두드리거나 구부렸을 때 펴지고 휘어지기 쉬운 금속이지. 반면에 외계 생명체는 아마도 니켈을 이용한 것 같아."

"니켈이라면?"

"맞아. 너희 집 뒷마당에서 발견된 금속 조각 말이야. 지난번에도 말했지만 동전은 물론, 도금이나 합금 등의 재료로 사용되는 물질이야. 철이나 다른 금속과 합치면 구리보다 훨씬 단단해져."

그제야 수호는 자신의 단검이 휜 이유를 이해할 수 있었다.

"자세한 얘기는 동아리실에서 마저 하기로 하자. 나는 잠시 들릴 곳이 있으니 먼저 동아리실에 가 있거라."

이찬 선생님은 그렇게 말하고는 떨어져 있던 동전을 챙겨 자리를 떠났다.

이찬 쌤의 과학 수업

1강 금속마다 단단함에 차이가 있다

금속은 겉으로 보기에는 모두 단단해 보이지만 단단한 정도에 차이가 있어. 재료의 능력을 구분할 때 전성과 연성이라는 용어를 사용해.

전성은 망치로 두드리거나 롤러로 눌렀을 때 얇고 넓게 펴지는 성질이고, 연성은 당겼을 때 길게 늘어나는 성질을 뜻해. 철은 전성과 연성이 낮은 단단한 원소라 힘을 받으면 부러지지만, 구리나 금은 연성이 높아 부러지는 대신 휘어지거나 늘어나.

2강 활용도 높은 원소, 구리

일상에서 가장 쉽게 발견할 수 있는 구리로 된 물건은 동전이야. 구리는 옛날부터 화폐의 재료로 사용되어서 주화 금속이라고도 불러. 구리는 전기 전도성도 뛰어나 전선을 만들 때 쓰여. 사실 구리보다 전기 전도성이 더 뛰어난 건 은이지만 은은

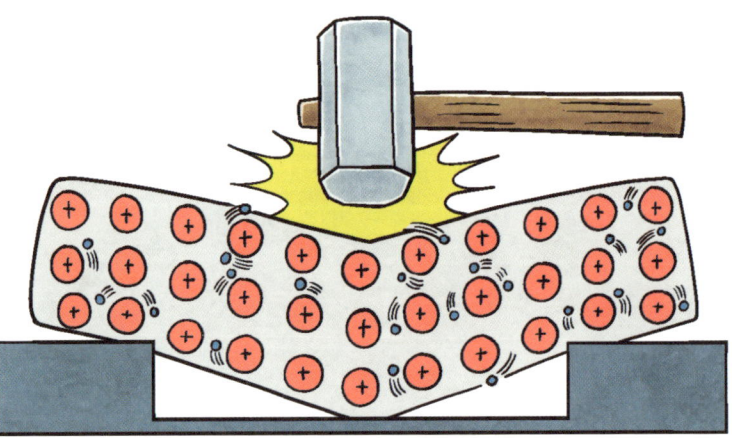

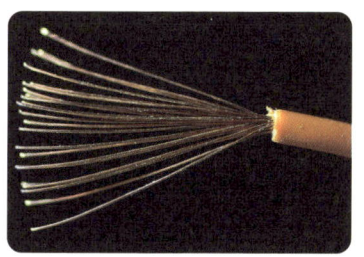

가격이 비싸기 때문에 구리를 사용하지. 쓰지 않는 전선을 잘라 보면 고무 튜브 속에 얇은 구리선을 볼 수 있어.

구리의 놀라운 항균 효과!

구리는 세균을 죽이는 효과가 있어. 그래서 위생을 위해 병원 엘리베이터나 문손잡이처럼 여러 사람의 손이 닿는 제품이나 세균이 없어야 하는 공기 청정기, 마스크 필터에 구리를 사용해.

구리의 항균 원리

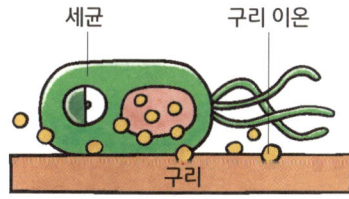

❶ 세균이 구리 표면의 이온을 영양소로 인식하여 흡수

❷ 흡수된 구리 이온이 세포막에 구멍을 내어 세포의 수분과 영양분이 빠져나감

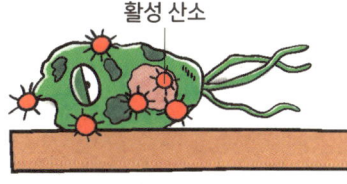

❸ 구멍을 통해 활성 산소가 들어오면 세포가 더 빠른 속도로 손상

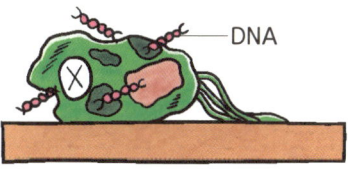

❹ DNA까지 손상된 세균은 더 이상 증식하지 못하고 죽게 됨

4강 쉽게 채취하고, 녹이고, 두드릴 수 있는 구리

보통 광물에는 여러 가지 금속 원소가 산소와 결합된 상태로 섞여 있기 때문에, 정련을 통해 순수한 금속을 얻어야 해. 하지만 구리는 땅속에 금속 구리 그대로도 존재하는 독특한 원소야. 이런 특징 덕분에 정련 기술이 발명되지 않았던 먼 옛날부터 그대로 녹이거나 두드려 사용할 수 있었어. 모닥불 정도로도 녹이는 것이 가능한 금속이었으니 석기 시대 다음에 구리 합금을 사용하는 청동기 시대가 온 건 자연스러운 일이야.

구리 광석

이찬 선생님은 어떻게 단검이 구리로 되어 있다는 것을 한눈에 알았을까?

이찬 선생님은 수호가 만든 단검이 붉은빛을 띠는 것을 보고 구리로 만들어져 있다는 것을 파악했다. 어떻게 색깔만으로 금속의 종류를 알 수 있었을까?

철, 니켈, 아연 등 거의 모든 금속은 은백색의 광택을 띠며 우리 주변에서 색깔이 있는 금속은 구리와 금뿐이다. 세슘(CS)이라는 1족의 금속 원소도 연한 노란빛을 띠지만 일상에서는 볼 일이 없다.

그렇다면 우리가 물체의 '색을 본다'는 것은 과학적으로 어떻게 설명할 수 있을까? 예를 들어 우리가 구리의 색을 보는 과정은 다음과 같이 이루어진다.

1. 빨주노초파남보의 색상이 혼합된 백색의 태양광이 구리에 부딪힌다.
2. 구리는 빨간색과 주황색은 반사하고 다른 색들을 흡수한다.
3. 반사된 빨간색과 주황색 빛이 우리 눈으로 들어온다.

비밀스러운 잠복

 동아리실에는 주희와 시온은 물론 진진과 대범도 와 있었다. 이찬 선생님이 아토모스 기사단을 소집한 모양이었다. 다들 동전 도둑을 알아냈다는 소식에 들뜨기보다 외계 생명체가 범인이라는 사실에 적잖이 놀란 눈치였다.

 "수호야, 괜찮아? 미안해. 거기에 너만 남겨 두는 게 아니었는데……."

 주희는 수호에게 연거푸 사과했다. 수호는 주희가 미안해하는 게 싫지만은 않았다. 자신을 버리고 시온 선배를 따라갈 때만 해도 자존심이 상했는데, 역전의 기회가 온 것이다.

"괜찮아. 신경 쓸 거 없어. 어차피 난 먹는 것만 밝히는 식충이인걸."

수호는 일부러 마음에도 없는 말을 했다.

"아니야! 그렇게 생각한 적 없어. 난 단지 시온 선배가 화가 난 것 같아서……."

주희가 어쩔 줄 몰라 하며 울먹였다. 그제야 수호는 자신이 너무 심했나 싶은 생각이 들었다.

"사과까지 할 건 없어. 난 아무렇지 않아. 외계 생명체 녀석 별거 아니더라고."

수호는 자신이 멀쩡하다는 걸 증명이라도 하듯 물구나무까지 서 보였다. 그러자 주희 얼굴에 안도의 미소가 번졌다. 그때 시온의 퉁명스러운 목소리가 들려왔다.

"한심해라. 푼돈이나 훔치는 외계 생명체한테 지고 뭘 잘했다고 떠드는지 모르겠네. 나 같으면 놓친 게 미안해서 무릎이라도 꿇고 있겠다."

수호가 고개를 돌리자 시온이 한쪽 벽에 비스듬히 기댄 채 수호를 내려다보고 있는 게 보였다.

"진 게 아니라고요. 제대로 알지도 못하면서 함부로 말하지 말아요."

수호는 금방이라도 싸울 것 같은 표정으로 시온 쪽으로 한 발짝 다가섰다. 그러자 시온도 지지 않으려는 듯 수호를 향해 한 걸음 다가섰다.

"이기지 못했으면 진 거지. 유치하게 무슨 변명이 주절주절 많아?"

"변명 아니거든!"

두 사람의 언성이 높아지자 주희는 진진과 대범에게 도움의 눈길을 보냈다. 하지만 덩치와 달리 소심한 대범은 눈치만 볼 뿐이었다.

그나마 주희 앞에서 자신의 능력을 뽐내고 싶던 진진이 잘난 척 안경을 밀어 올리며 두 사람 사이에 끼어들었다.

"내가 볼 때 두 사람 말이 다 일리가 있어. 그렇지만 이럴 땐 흥분하지 말고 좀 더 이성적으로……."

"시끄러워!"

"넌 빠져!"

수호와 시온이 동시에 진진에게 소리를 지르자 진진은 금세 꼬리를 내리고 괜히 휴대폰을 꺼내며 딴청을 피웠다.

"어…… 누가 메시지를 보낸 모양이네. 급한 일인가?"

더 이상 기대할 곳이 없어지자 주희는 필사적으로 몸을 던져 두 사람 사이를 가로막았다.

"제발 두 사람 다 그만해요! 지금 그게 중요한 게 아니잖아요!"

하지만 이미 화가 머리끝까지 난 두 사람은 좀처럼 멈추지 않았다. 때마침 이찬 선생님이 나타나지 않았다면 분명 큰 싸움으로 번졌을 것이다.

"그렇게 당하고도 또 싸우는 거니?"

이찬 선생님의 말에 누구도 쉽사리 입을 열 수 없었다.

"내가 분명히 말했던 거 같은데. 멋대로 행동하는 사람은 동아리 방 청소를 해야 할 거라고."

수호는 주희가 했던 말이 떠올라 고개를 들 수 없었다. 다른 아이들도 그 어느 때보다 차가운 표정을 짓고 있는 이찬 선생님을 제대로 쳐다볼 수 없었다. 이찬 선생님은 아이들 쪽으로 다가서며 말을 이어 갔다.

"이 일이 그만큼 서로 돕지 않으면 해내기 어렵다는 뜻이야. 그런데 너희들은 그런 것은 안중에도 없이 틈만 나면 잘난 척하기 바쁘구나."

수호는 선생님에게 자신의 마음속을 들킨 것 같아 얼굴이 화끈거렸다.

"자신감과 자만심은 전혀 다른 거야. 자신이 최고라는 생각에 빠져 모든 걸 혼자서 할 생각이라면 우리 동아리에는 있을 필요가 없다. 세상에 완벽한 사람은 없어. 우리에게는 한 명의 영웅보다 서로의 등을 지켜 줄 사람이 필요해."

'서로의 등……?'

이찬 선생님의 단호한 목소리에 유독 수호와 시온의 눈빛이 흔들렸다. 사실 두 사람 모두 남들과 다르다는 걸 약점으로 여기고 능력을 숨기기도 했지만 한편으로는 평범한 아이들보다 스스로가 우월하다고 생각한 적도 있었다. 그렇기에 누군가에게 자신의 등을 맡긴다는 건 낯설게 느껴지기만 했다.

진진이 얼음처럼 차가워진 분위기를 녹이려고 나섰다.

"쌤, 이제 그만 화 푸세요. 그 정도 얘기했으면 바보가 아닌 다음에야 다 알아들었을 거예요. 그치? 대범아."

"어…… 어? 누가 바보라고? 난 바보 아니야."

"으휴! 누가 너더러 바보래?"

진진의 노력에도 긴장한 대범이가 엉뚱한 소리를 하는 바람에 상황은 별로 나아지지 않았다.

"선생님 말씀이 맞아요. 서로 도와야 하는데……. 매번 자기 생각만 하느라 그러지 못했어요."

주희가 금방이라도 눈물을 흘릴 것 같은 얼굴로 고개를 숙이자 이찬 선생님도 자신이 너무 심하게 몰아붙인 건 아닌지 슬쩍 눈치를 살폈다.

"그렇다고 너무 기죽을 건 없고. 내가 무슨 말을 하려는 건지 다들 알지?"

"네!"

이찬 선생님이 어색하게 웃음을 짓자 아이들 얼굴에도 겨우 미소가 번졌다. 분위기가 풀리자 주희는 궁금했던 질문을 던졌다.

"외계 생명체가 두고 간 동전에서 단서가 될 만한 건 없었나요?"

"아쉽게도 외계 생명체의 성질이나 은신처에 대한 알아낼 단서는 없더구나. 다만 외계 생명체가 훔친 동전을 구성하는 원소와 수호네 집 뒷마당에서 발견된 니켈 조각, 그리고 수호와 싸울 때 동전의 성분을 뽑아내서 무기로 사용한 점을 종합적으로 고려해 볼 때, 동전을 훔친 목적은 니켈이 아닐까 생각하고 있다."

이찬 선생님의 답변이 끝나자마자 쉴 틈 없이 시온의 질문이 이어졌다.

"동전은 종류에 따라 구성하는 금속 원소가 다르지 않나요?"

시온의 질문에 이찬 선생님은 태블릿을 켜고 설명을 시작했다.

"동전을 구성하는 금속 원소는 구리, 알루미늄, 아연, 니켈 네 가지야. 그 가운데 구리는 연성이 높아 휘어지기 쉽고, 알루미늄 역시 가볍고 무른 금속이야. 아연은 한 술 더 떠서 부스러지기 쉬운 금속이지. 그렇기 때문에 외계 생명체가 무기로 사용하기에는 적합하지 않아."

"그렇다면 남은 건 니켈이네요."

수호가 다른 때와는 달리 확신에 찬 표정을 지었다.

"동전 속에 함유된 금속 원소 중에서 가장 단단한 건 니켈이야. 하지만 수호의 얘기를 들었을 땐 니켈 하나만으로 이루어진 부기는 아닌 거 같아."

"그건 왜요?"

이찬 선생님의 말에 진진이 고개를 갸우뚱거리자 선생님은 살짝 미소를 지었다.

"니켈이 구리나 아연에 비해 단단하긴 하지만 니켈 망치가 수호가 만든 구리 검을 한 방에 망가뜨리고 아무렇지 않게 버티는 건 힘들어."

"그렇다면 합금일까요?"

시온이 눈빛을 번득이자 이찬 선생님이 고개를 끄덕였다.

수호는 합금이 뭔지 궁금했지만 지금 물어봤다가는 시온이 무시할 것 같아 슬쩍 휴대폰을 꺼내 다른 사람들 모르게 검색 창에 합금을 입력했다. 그러나 매의 눈을 가진 시온을 피할 수 없었다.

"너 합금이 뭔지 검색하냐? 모르면 그냥 물어봐."

"그래, 모르는 건 잘못이 아니야. 오히려 모르면서 아는 척하는 게 잘못이지."

이찬 선생님까지 거들자 수호는 더 이상 버티지 못하고 휴대폰 화면을 껐다. 그러자 주희가 기다렸다는 듯이 설명을 해 주었다.

"합금이란 금속에 다른 금속을 섞어서 본래의 금속과는 성질이 다른 새로운 물질을 만드는 걸 뜻해. 공기 중에서 산화되어 녹이 잘 스는 철도 탄소, 크로뮴, 니켈을 포함해 여러 금속들을 넣으면 녹슬지 않는 스테인리스강이라는 합금이 될 수 있어."

"어…… 고마워. 이제 합금이 뭔지 알 거 같아."

창피함에 일단 알겠다고는 했지만 솔직히 수호는 여전히 합

금이 뭔지 명확하게 이해가 되지는 않았다.

"그럼 이제부터 저희는 뭘 하면 좋을까요?"

주희가 초롱초롱한 눈으로 이찬 선생님을 바라보자 선생님은 잠시 생각에 잠겼다 입을 열었다.

"외계 생명체가 니켈을 얻기 위해 동전을 훔치는 것으로 의심되는 이상 우리가 할 일은 두 가지야. 첫 번째는 니켈을 정확히 어디에 사용하려는지를 알아내야 해. 단순히 다른 금속과의 합금을 통해 강력한 무기를 만들려는 건지, 아니면 우리가 모르는 또 다른 목적이 있는지 말이야."

"그럼 두 번째는요?"

시온이 재촉하듯 이찬 선생님을 바라보았다.

"외계 생명체가 동전을 훔칠 만한 곳을 먼저 찾아 더 이상의 피해를 막아야만 해. 우리에게 노출된 이상 편의점과 자판기는 더 이상 노리지 않을 테니까."

"그렇다면 역할을 나누죠. 그게 효율적이잖아요."

시온의 의견에 이찬 선생님은 고개를 끄덕였다.

"좋은 생각이다. 그럼 니켈을 수집하는 목적에 대해서는 내가 조사를 할 테니, 너희는 외계 생명체가 동전을 노릴 장소를 찾아 주렴. 중요한 임무니 잘 부탁한다."

임무라는 말에 수호는 자신도 모르게 전의가 불타오르기 시작했다.

'이번에는 결코 실수하지 않겠어. 진짜 내 실력을 보여 줄 거야.'

시온 역시 마찬가지였다.

'바보 같은 수호 녀석에게만은 절대 질 수 없지.'

겉으로는 아닌 척했지만 누가 보더라도 수호와 시온 사이에 팽팽한 긴장감이 흐르고 있었다. 이찬 선생님은 그 모습을 보며 생각했다.

'그렇게 얘기했는데도 아직 한 팀이 되려면 멀었군. 제발 한

시라도 빨리 내가 한 말을 이해해야 하는데.'

 다음 날부터 학교가 끝난 뒤 아토모스 기사단은 외계 생명체가 동전을 훔칠 만한 장소를 찾기 위해 동네 이곳저곳을 돌아다니며 살폈다. 여럿이 몰려다니는 건 비효율적이라는 시온의 의견에 따라 수호와 주희, 진진과 대범이 한 조가 되었고 시온은 혼자 다니기로 했다.
 수호는 이렇게 조가 편성된 게 더없이 만족스러웠다. 늘 껌딱지처럼 붙어 다니던 코코마저 고모에게 맡기고 주희와 산책을 할 생각에 발걸음이 그 어느 때보다 가벼웠다. 하지만 주희의 얼굴은 그다지 밝아 보이지 않았다.
 '시온 선배와 한 팀이 되지 못해서 그런가?'
 이미 한 차례 시온에게 밀린 경험이 있던 수호는 괜히 주희의 표정을 살폈다.
 "주희야, 안 좋은 일이라도 있어?"
 수호가 어렵게 입을 뗐지만 주희는 아무런 대답이 없었다. 위축된 수호는 기어들어 가는 목소리로 다시 물었다.
 "나랑 같이 다니는 게 싫은 건 아니지……?"
 "어? 미안. 딴생각을 하느라. 뭐라고 했어?"
 그제야 주희는 미안한 얼굴로 수호를 보았다. 수호가 싫은 건 아닌 모양이었다.

"실은 걱정되는 게 있어서."

"그게 뭔데?"

"외계 생명체가 금속 원소를 이용해 합금 무기까지 만든다면 지금까지와는 비교도 안 될 만큼 강할 텐데, 우리는 어떤 식으로 대응하는 게 좋을지 생각 중이었어."

사실 수호도 같은 걱정을 하고 있었다. 외계 생명체와 한번 맞선 입장에서 외계 생명체를 이길 수 있는 방법을 누구보다 찾고 싶었다.

"나도 다시 그 녀석을 만나면 어떻게 싸워야 할지 고민 중이야. 망치로 변한 주먹이 생각보다 강했거든."

수호가 시무룩한 표정을 짓자 주희는 괜한 말을 꺼낸 게 아닌지 눈치가 보였다.

"그렇다고 너무 걱정할 건 없어. 네 능력이라면 금속 원소와 니켈을 합쳐 합금을 만드는 건 어렵지 않을 거고, 여러 금속을 가지고 시도하다 보면 외계 생명체가 가진 무기보다 강력한 무기를 만들 수 있을 거야."

"정말 그럴까?"

"당연하지! 넌 내가 본 애들 중에서 가장 뛰어난 재능을 갖고 있거든!"

주희의 응원에 수호는 순식간에 200층까지 엘리베이터를 타고 올라가는 기분이었다.

"하하하, 그렇지! 다른 건 몰라도 재능 하나는 내가 타고났지. 이럴 게 아니라 얘기가 나온 김에 실력 발휘 좀 해 볼까?"

마침 바로 옆에 고철 가게가 보였다. 주희의 말에 힘을 얻은 수호는 의기양양하게 가게 한쪽에 쌓여 있는 고철 더미 앞에 섰다.

"일단 고철 속에서 철 원소를 뽑아낸 후 네가 잘하는 탄소와 결합부터 시도해 봐."

"철과 탄소를?"

"철에 적당량의 탄소가 섞이면 단단하면서도 탄력 있는 합금이 되거든."

"알았어! 그럼 해 볼게!"

자신 있게 말했지만 한 가지 원소만 뽑아내 필요한 물건을 만들었던 수호에게 전혀 다른 두 원소를 추출한 뒤 합쳐서 합금을 만든다는 건 새로운 도전이었다. 그렇지만 주희 앞에서 나약한 모습을 보일 수는 없었다.

수호는 가방에서 연필을 꺼내 한 손에 쥐고, 다른 한 손은 고철 더미에 올린 뒤 집중하기 시작했다.

"철과 탄소 원소 추출!"

연필에서 탄소를 얻는 건 어렵지 않았다. 하지만 고철 더미에서 철 원소만 뽑아내는 건 생각보다 시간이 걸렸다. 그도 그럴 것이 무언가 고철 속에서 어떤 단단한 느낌이 드는 게 손 안으로 모여들었지만 그게 철이라고 확신할 순 없었다. 다행히 원자를 볼 수 있는 눈을 가진 주희 덕분에 그 의심은 금세 해소될 수 있었다.

"수호야! 잘하고 있어. 철 원자들이 네 손 주변으로 빨려 드는 중이야!"

양손에 충분한 철이 모인 걸 느낀 수호가 두 손을 맞부딪치며 온몸의 힘을 손바닥으로 보냈다.

"철과 탄소 합체!"

고함과 함께 불에 덴 듯 엄청나게 뜨거운 기운이 수호의 손 주변을 에워쌌다. 이윽고 수호의 손 위로 막대 모양의 쇳덩이가 생겨났다.

"성공이야! 탄소강이 만들어졌어! 굉장해!"

주희는 기뻐하며 아기 사슴처럼 수호 주변을 폴짝폴짝 뛰었다. 수호도 기쁘긴 마찬가지였다. 마음 같아선 주희를 안고 온 동네를 뛰고 싶을 정도였다.

"외계 생명체처럼 니켈과 철도 합쳐 볼까?"

"철 65%와 니켈 35%를 섞어 만든 합금을 불변강이라고 해. 강도도 높고 잘 부식되지 않지."

"알았어! 그럼 어디!"

띵동~

수호와 주희의 휴대폰이 동시에 울렸다. 시온이 보낸 메시지였다.

> 아토모스 기사단 대한 은행 앞으로 집합

수호와 주희가 합금을 만들고 있던 시각, 동네를 둘러보던 시온의 눈에 저금통을 든 꼬마가 보였다. 꼬마는 저금통을 가지고 그대로 은행으로 들어갔다.

'그래, 왜 그 생각을 못했지? 우리 동네에서 동전이 가장 많은 곳은 편의점도 아니고 자판기도 아니었어. 은행이야말로 동전이 모두 모이는 집결소야.'

생각이 여기까지 미치자 시온은 외계 생명체가 금방이라도 은행을 털러 올 것만 같았다. 당장 오늘 밤부터 은행 주변에서 잠복을 할 만한 장소를 찾아 나섰다.

은행에서 길 하나를 사이에 두고 맞은편에 운동 기구가 설치된 작은 공원이 있었다.

'여기 벤치에 앉아 있으면 은행을 감시하기에도 좋고 눈에도 띄지 않을 거야.'

문제는 그 다음이었다. 마음 같아선 혼자서 외계 생명체를 잡고 싶은 생각이 간절했지만 밤새도록 혼자 은행을 감시하는 건 역부족이었다.

'내키진 않지만 어쩔 수 없지.'

메시지를 보내고 20분도 되지 않아 아토모스 기사단 아이들이 모두 은행 맞은편 공원에 모였다. 철봉 위에 걸터앉은 시온

앞으로 주희, 수호, 진진, 대범이 전깃줄의 참새 떼처럼 나란히 줄지어 서 있었다.

"그러니까 시온 선배 말은 교대로 은행을 감시하자는 말이죠?"

진진이 묻자 시온이 고개를 끄덕였다.

"맞아. 내 예상대로라면 조만간 외계 생명체는 이곳 은행을 노릴 거야. 그 순간을 놓쳐선 안 돼."

"저도 시온 선배 생각에 동의해요. 외계 생명체가 동전을 노린다면 은행만큼 좋은 곳은 없을 테니 대비하는 게 좋을 것 같아요."

주희가 시온의 말에 찬성하자 논의는 그걸로 끝이 났다.

"좋아. 그럼 결정된 걸로 알겠어. 그리고 한 가지!"

시온이 철봉에서 가볍게 뛰어내리며 아이들을 쓱 훑어보았다.

"이번 작전의 아이디어는 내가 냈으니까 모두 내 결정에 따라 줘."

"결정이라면 어떤……?"

대범은 긴장한 표정을 지었다. 그러자 시온은 대수롭지 않다는 듯 어깨를 으쓱거리며 답했다.

"교대 순서 같은 거 말이야."

하지만 그냥 넘어갈 수호가 아니었다.

"엥? 그런 게 어디 있어요? 그렇게 중요한 건 다 같이 정해야죠! 안 그래?"

수호는 시온이 아무리 선배라고 해도 대장 노릇을 하려는 걸 두고 볼 수 없었다. 그리고 다른 아이들의 생각도 마찬가지라고 믿었다. 그러나 그 믿음은 산산조각이 났다.

"난 상관없어."

"나도."

"시온 선배 좋을 대로 하세요."

예상치 못한 반응에 수호는 할 말이 없었다. 혼자 바보가 된 기분이라고나 할까?

"그럼 내가 생각한 순서를 보낼게."

잠시 후 시온의 메시지가 도착했다.

> 〈교대 순서〉
> 수호 - 진진 - 수호 - 대범 - 주희 - 수호 - 시온

그 무렵 이찬 선생님은 학교 연구실에서 고민에 휩싸여 있었다.

'도대체 외계 생명체는 니켈을 이용해서 뭘 하려는 거지? 혹시 니켈은 속임수고 다른 금속 원소가 진짜 목적인 건 아닐까?'

이찬 선생님은 노트북을 켜고 니켈을 비롯해 금속 원소들이 사용되는 곳을 하나씩 조사했다.

'정말 모르겠어. 니켈을 훔쳐서 망치 같은 무기를 만들려는 단순한 목적은 아닐 텐데.'

이찬 선생님은 복잡한 머릿속을 리셋시키기 위해 잠시 의자에 머리를 기댄 채 눈을 감았다. 그런데 다시 눈을 떴을 때 컴퓨터 화면이 까맣게 변해 있었다.

"앗! 컴퓨터가!"

어떻게 된 일인지 노트북의 전원이 꺼져 있었다. 원하던 머릿속 대신 정리한 자료만 깨끗이 리셋된 셈이었다.

"부팅도 문제없고 해킹도 아닌 거 같은데, 혹시 배터리 문제인가?"

이찬 선생님은 구시렁거리며 노트북을 살펴보았다. 바닥에 붙은 제조일자 스티커를 확인하고서야 노트북이 10년도 훨씬 지난 제품이라는 걸 깨달았다.

"배터리가 방전이 될 때도 됐네. 이때만 해도 아마 리튬 배터리가 아니라 니켈 배터리였을 텐데……."

그 순간 이찬 선생님은 멈칫했다.

"니켈이나 아연은 배터리에도 사용되지. 혹시 외계 생명체가 동전을 모으는 게 배터리와 관련이……?"

불현듯 떠오른 생각은 쉽게 사라지지 않았다. 하지만 그 무엇도 확실한 건 없었다.

이찬 쌤의 과학 수업

연약한 아연, 합금으로 다시 태어나다

아연은 철이나 니켈에 비하면 부스러지기 쉬운 금속이지만 합금으로 만들면 활용도가 높아져. 아연을 구리와 섞으면 황동(brass)이 돼. 황동은 금과 비슷한 밝은 노란 색을 띠는데 놋그릇을 만들기도 하고, 트럼펫과 같은 금관 악기 재료로 사용돼.

전자 회로를 고정할 때 사용하는 땜납에도 아연이 포함된 경우가 많아. 또한 알루미늄과 아연 합금은 내구성은 조금 약하지만 복잡한 형태의 장난감이나 도구를 빠르게 만들 수 있어.

놋그릇

트럼펫

사진 출처: 국립민속박물관

우리 몸의 필수 성분, 아연

우리 몸 안에서는 다양한 화학 반응이 일어나고 있어. 화학 반응을 빠르게 완료하고 싶다면 끓이거나 빛을 쪼여 높은 에너지를 주면 돼. 하지만 생명체에게 열이나 빛을 쏟아부을 수는 없지. 그래서 화학 반응을 촉진하는 도구인 효소가 필요해. 우리 몸속에는 효소가 없으면 5000만 년이 걸리는 화학 반응도 있다고 하니 효소가 왜 꼭 필요한지 알겠지?

효소가 제대로 작동하기 위해서는 아연이나 철, 망가니즈와 같은 금속 원소가 자리 잡고 끼어 있어야 하는데 이를 비타민(유기물)이나 무기질(무기물)이라 불러. 그런데 우리 몸에 두 번째로 많은 금속 원소가 바로 아연이야. 그래서 건강 보조식품에 아연이 포함된 경우가 많아.

효소의 역할

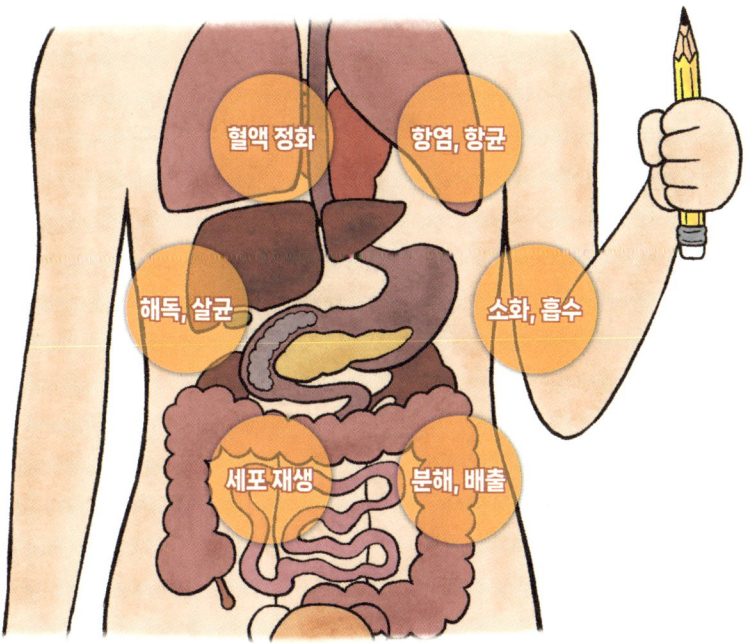

화학의 역사에서 중요한 아연

역사적으로 가장 중요한 발명 중 하나는 '전지(Battery)'의 개발이야. 볼타 전지라 불리는 초기 전지는 구리판과 아연판을 순서대로 쌓아 올리고 묽은 황산이나 소금물을 부어 전기가 흐르도록 만들었어.

전지의 발명으로 인간은 전기를 만들어 사용하게 되었고, 물질 속으로 전자를 집어넣는 실험도 할 수 있게 되었어. 전지를 사용해 전자를 용액 속에 흘려보내면 '환원' 현상이 일어나는데, 이전까지 분리할 수 없었던 숨겨진 원소를 찾아내는 데 중요한 역할을 했지.

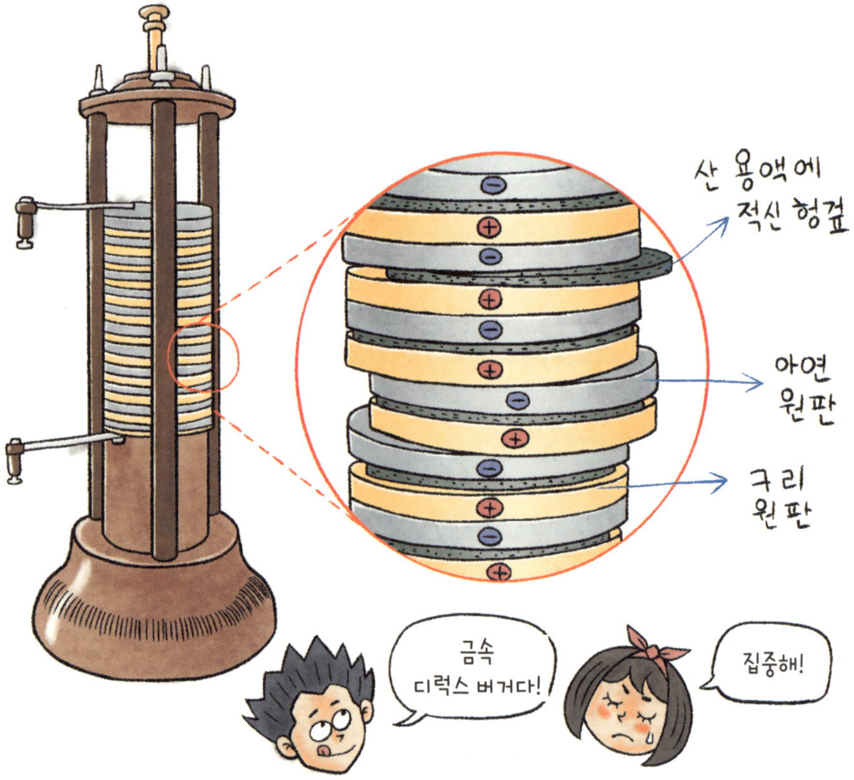

💡 금속의 산화는 막아야 할까?

주희는 "철에 탄소, 크로뮴, 니켈을 포함해 여러 금속들을 넣으면 녹슬지 않는 스테인리스강이라는 합금이 돼."라고 설명했다. 철이 산소와 만나 산화되면 녹이 슬어 붉게 변하며 부스러지고, 다른 금속들도 산화되면 내구성이 떨어져 원래 목적대로 사용하기 어려워지는 경우가 대부분이다.

그렇다고 산화가 꼭 나쁜 것은 아니다. 충분히 산화된 금속은 오히려 더 이상 변질되지 않아 화학적으로 안정해졌다고 말할 수 있기 때문이다. 우리가 흔히 보는 세라믹이 바로 산화된 금속이다. 아연 역시 산소와 만나면 산화되어 쉽게 부스러지지만 산화 아연은 자외선으로부터 우리의 피부를 보호하는 선크림의 원료로 사용된다. 이렇게 산화되어 바스러진 금속도 쓸모가 있으니 산화를 무조건 나쁘다고 생각해서는 안 된다.

외계 생명체의 역습

봄인데도 불구하고 밤공기는 찼다. 시온의 불공평한 교대 순서에 따라 수호는 두 시간마다 은행 앞 공원에 와야 했다.

"흥, 역시 속 좁고 제멋대로인 사람이야. 자기 마음에 안 든다는 이유로 이런 말도 안 되는 짓을 하다니. 다른 녀석들도 마찬가지야. 시온 선배가 무서워 아무 말도 못하더라니까."

"냐옹."

그나마 수호의 외로운 잠복에 말동무를 해 주는 건 코코뿐이었다.

"에취! 그나저나 꽤 춥네. 이럴 줄 알았으면 옷이라도 든든히 입고 나오는 건데."

수호는 싸늘한 밤바람을 이기기 위해 자기도 모르게 손을 비볐다. 그때 수호의 등 뒤에서 뜻밖의 목소리가 들렸다.

"수호야."

"주희야! 네가 어떻게?"

수호는 교대 시간도 아닌데 갑자기 나타난 주희를 보고 깜짝 놀랐다.

"실은 미안하기도 하고, 네 걱정이 돼서 왔어."

수호는 도대체 뭐가 미안하다는 건지 헷갈렸다.

"아까 네가 한 말 말이야. 솔직히 나나 진진 모두 네 말이 맞다고 생각했는데, 아무래도 네 편을 들면 시온 선배랑 또 싸우게 될까 봐 그런 거야."

그제야 수호는 마음이 조금 풀렸다. 적어도 동급생 친구들 사이에서 따돌림을 당하는 건 아니었다. 하지만 이어진 주희의 말에 수호의 마음은 다시 차갑게 식었다.

"시온 선배가 고집이 세긴 해. 그래도 나쁜 사람은 아니니까 네가 이해해."

수호 말이 맞다면서도 끝까지 시온 선배 편을 드는 주희가 수호는 야속하기만 했다.

"춥지? 이거 받아."

"이게 뭐야?"

주희가 건넨 건 핫팩이었다.

"추울까 봐 가져왔어. 어때? 따뜻하지?"

수호는 핫팩을 움켜쥐는 것만으로도 온몸에 열기가 넘쳐흐르고 지루하던 잠복이 워터파크에서 물놀이를 하는 것처럼 흥미진진해졌다. 이럴 때 멋지게 감사 인사를 해서 주희의 마음을 흔들어야 하는데……. 하지만 수호의 머릿속은 백지처럼 아무 생각도 떠오르지 않았다.

어색한 침묵이 이어지자 수호는 무슨 말이라도 해야 한다는 생각에 어렵게 입을 뗐다.

"핫팩은 어떻게 오랫동안 뜨거운 걸까?"

뜬금없는 질문에 주희는 놀란 표정을 지었다. 어이없는 건 수호도 마찬가지였다. 모처럼 둘만 있는 시간에 엉뚱한 질문을 던지다니.

"주희야, 코코랑 여기서 잠깐만 있을래?"
"어? 왜?"
"잠깐 다녀올 곳이 있어서. 정말 금방이면 돼."
 수호는 더 늦기 전에 핫팩에 대한 답례를 하기 위해 가까운 편의점을 향해 내달렸다.

 편의점 문을 박차고 들어간 수호는 온장고부터 찾았다. 달려오는 내내 수호의 머릿속은 따뜻한 코코아 생각뿐이었다. 빨리 사서 돌아가려고 서두르던 수호는 온장고 앞에 서 있던 사람과 부딪혔다.
"앗! 죄송해요."
 수호는 미처 확인할 겨를도 없이 머리부터 숙였다. 그런데 익숙한 목소리가 들렸다.
"뭐야? 네가 왜 여기 있어?"
 고개를 드니 수호 앞으로 시온과 진진, 대범이 보였다.
"그러는 선배랑 너희들은 어떻게 된 거야? 아직 교대 시간도 아닌데……."
 어리둥절한 수호에게 시온은 언성을 높였다.
"바보! 그게 중요한 게 아니잖아. 함부로 자리를 비우면 어떡해?"

수호는 자초지종도 묻지 않고 화부터 내는 시온이 마음에 들지 않았다.

"주희에게 부탁하고 왔으니까 걱정 말아요."

수호는 얼른 온장고에서 따뜻한 음료수 하나를 집은 뒤 카운터로 향했다. 하지만 계산을 마치고 돌아가는 중에도 시온의 잔소리는 계속됐다.

"넌 네가 해야 할 일을 남에게 미룬 거라고."

잔소리가 이어지자 수호의 참을성이 한계에 다다랐다.

"적당히 해요! 솔직히 시간표를 엉망으로 짠 게 누군데!"

"뭐?"

"둘 다 왜 이래요? 그만둬요."

"넌 잠자코 있어!"

진진의 만류에도 불구하고 수호와 시온의 눈에서는 불꽃이 튀었다. 그때 멀리서 비명이 들렸다.

"꺄아악!"

정신없이 달려가 보니 은행 앞에 주희가 쓰러져 있었다.

"주희야!"

"코코!"

다행히 주희는 의식이 있었다. 하지만 팔다리에 피가 흐르고 있었다.

"수호 네가 떠나자마자 외계 생명체가 나타나 은행으로 들어갔어. 순식간에 벌어진 일이라 전화할 틈도 없고, 네가 올 때까지 시간을 끌어 보려고 했는데……."

"알겠으니까 이제 여긴 우리한테 맡겨."

시온은 굳은 표정으로 수호와 진진, 대범을 차례로 쳐다보았다.

"수호, 넌 119에 연락해서 주희를 병원으로 옮기고, 이찬 선생님께 알리도록 해. 진진과 대범은 나와 같이 사라진 외계 생명체를 추격한다."

말을 마치자마자 시온은 재빨리 돌아섰다. 하지만 뒤돌아선 시온의 어깨를 수호가 붙잡았다.

"내 말 못 들었어?"

"나도 같이 가요."

"고집 부리지 마! 이건 명령이야!"

시온의 목소리는 어느 때보다 차가웠다. 하지만 수호의 결심을 꺾을 순 없었다.

"명령 같은 거 난 몰라! 선배가 뭐라고 하든 난 갈 거야!"

결국 진진과 대범이 남고, 수호와 시온은 외계 생명체를 찾아 나섰다. 예상하지 못한 주희의 등장에 외계 생명체는 허둥거리며 도망쳤는지 여기저기 동전이 떨어져 있어 추적하는 건 어렵지 않았다. 그리고 마침내 공사 중인 5층 건물에서 동전의 흔적이 끊겼다.

"경고하는데 이번에도 바보 같은 짓을 하면 너부터 내 손에 혼날 줄 알아."

시온은 건물을 앞에 두고 뒤도 돌아보지 않은 채 수호에게 경고를 날렸다. 수호 역시 지지 않고 맞받아쳤다.

"선배야말로 저 녀석은 내 차지니까 쓸데없는 짓 하지 말아요."

한편 이런 사실을 모르는 외계 생명체는 건물 옥상에 서서 조르조르의 명령으로 모은 산더미 같은 동전들을 바라보고 있었다.

"목표량 달성. 필요한 원소를 추출하면 임무 끝. 필요 원소 추출……."

외계 생명체는 동전을 향해 천천히 손을 뻗었다. 그와 동시에 손바닥에서 알 수 없는 광선이 동전 더미 쪽으로 날아갔다. 눈에 보이진 않았지만 외계 생명체의 손 안으로 원소들이 차곡차곡 모이고 있었다. 만족스러운 듯 입가에는 엷은 미소가 번졌다. 그러나 그 미소는 오래가지 못했다.

"멈춰!"

고함과 함께 수호의 발이 외계 생명체의 등에 내리꽂혔다. 이번에는 가방을 메고 있지 않아서인지, 친구를 상처 입힌 데 대한 분노로 강한 힘이 실렸는지 외계 생명체는 중심을 잃고 동전 더미 위로 나뒹굴었다. 하지만 여전히 화가 풀리지 않은 수호는 쓰러진 외계 생명체를 향해 거침없이 달려들었다.

"일어나! 아직 멀었어! 어서 일어나라고!"

넘치는 자신감이 독이 될 때가 있다. 딱 지금의 수호가 그랬다. 잠자코 엎어져 있던 외계 생명체는 수호가 방심한 틈을

놓치지 않고 수호의 다리를 낚아챘다.

"아악! 무슨 짓이야? 이거 놓지 못해!"

친절하게도 외계 생명체는 수호의 말대로 발을 놔 주었다. 다만 발을 놓기 전 투포환을 던지듯 수호의 몸을 빙글빙글 돌린 게 문제였다.

"으아아악!"

수호는 옥상 바닥에 내동댕이쳐졌다.

나뒹구는 수호 앞으로 한발 늦게 옥상에 도착한 시온이 모습을 드러냈다.

"하여간 도움이 안 되는 녀석이라니까."

시온이 딱하다는 표정을 지으며 눈살을 찌푸렸다. 수호는 아픈 것보다 그런 시온의 행동이 더 거슬렸다. 하지만 보란 듯이 툭툭 털고 일어나기에는 떨어진 충격이 커서 제대로 움직일 수 없었다.

'만만히 볼 상대가 아니야. 자칫하다간 크게 다칠 수도 있겠어.'

그 사이 외계 생명체는 옥상 한쪽 철골 구조물이 듬성듬성 보이는 바닥을 향해 다가가고 있었다.

"목표 철 원소."

외계 생명체는 철골 구조물을 향해 둔탁한 오른손을 펼쳤다.

오른손에서 손전등 같은 광선이 철근 더미로 날아가더니 오래지 않아 외계 생명체의 손이 거대한 망치처럼 변했다. 지난번 수호가 고전했던 바로 그 무기였다. 아니, 조금 달랐다. 그때보다 한층 더 거대했다.

눈치 빠른 시온 역시 근처에 있는 철근 자재 더미를 향해 손을 뻗은 뒤, 철 원소를 뽑아내 기다란 봉을 만들었다.

"원소를 다루는 능력은 너만 있는 게 아니거든."

시온은 봉을 휘두르며 외계 생명체가 접근하는 걸 막았다. 마치 무협 영화에 나오는 주인공처럼 보였다. 붕붕거리는 소리가 허공을 가를 때마다 위협적으로 느껴졌다.

'훗, 어때? 가까이 오지 못하겠지?'

사실 시온은 망치보다 긴 봉으로 거리를 벌린 채 공격해, 유리한 위치를 선점할 속셈이었다. 그러나 시온의 계획대로 되지 않았다.

외계 생명체는 시온이 휘두르는 봉을 피해 순식간에 거리를 좁히며 다가섰다.

"어어 뭐야?"

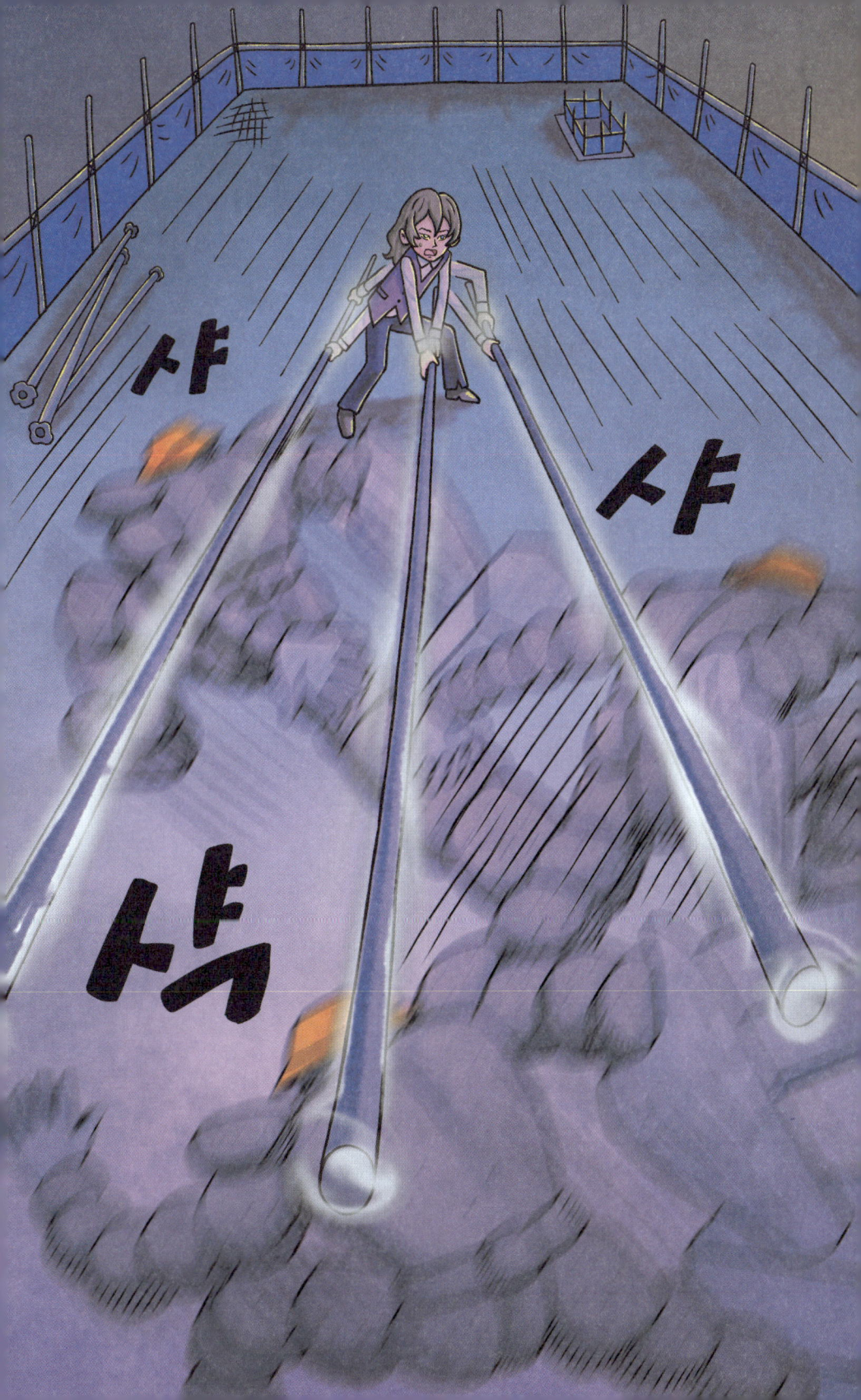

 오히려 시온이 주춤거리며 물러서자 외계 생명체가 그 틈을 파고들어 망치를 세차게 휘둘렀다.
 "콰앙!"
 시온의 봉과 외계 생명체의 망치가 허공에서 부딪치며 요란한 굉음을 냈다.
 "봉이!"

 결과는 외계 생명체의 승리였다. 시온의 봉은 망치와 부딪치면서 부러졌다. 손에 남은 반쪽짜리 봉으로는 더 이상 싸움을 할 만한 상황이 아니었다.
 "하여간 잘난 척은 있는 대로 하더니. 역시 내가 나설 수밖에 없다니까."

둘의 싸움을 구경만 하던 수호는 시온이 궁지에 몰리자 내심 쾌재를 부르며 움직이기 시작했다. 시온은 그런 수호의 행동이 아니꼽고 못마땅했지만 차마 입을 열 처지가 아니었다.

"잘 봐요, 선배. 원소를 다루는 능력은 이렇게 사용해야 하는 거라고요."

수호는 거드름을 피우듯 철근 더미를 향해 손을 뻗더니, 다른 한 손은 허공을 향했다. 시온은 수호가 뭘 하려는지 이해할 수 없었다.

'철 원소를 추출하면 됐지 굳이 허공을 향해선 왜……?'

의아함도 잠시, 원하는 원소들은 다 모은 수호가 양손을 맞부딪치며 소리를 질렀다.

"철과 탄소 합체!"

주희와의 연습 덕분이었을까? 수호의 손에 탄소강 검이 쥐어져 있었다. 박물관에서 보았던 오래된 청동 검 모양이었다.

"그럼 다시 시작해 볼까?"

새롭게 얻은 무기로 기세등등해진 수호는 외계 생명체를 향해 검을 휘둘렀다.

외계 생명체는 생각지 않던 역공에 당황한 듯 보였다.

"뭘 그렇게 놀라? 싸움은 이제부터라고!"

한층 기세가 오른 수호는 마치 춤이라도 추듯 옥상을 휘저으며 검을 흔들어 댔다. 그때마다 외계 생명체는 가까스로 망치를 들어 수호의 공격을 막았다. 하지만 수호의 빠른 속도를 따라가기에는 외계 생명체의 발이 너무나도 느렸다. 게다가 가까스로 막아도 수호의 칼날이 닿을 때마다 외계 생명체의 망치가 조금씩 손상을 입었다.

"맛이 어때?"

수호가 몸을 빙글 돌리며 연달아 칼을 내려쳤다.

챙챙! 불꽃이 튀는가 싶더니 외계 생명체의 망치가 움푹 들어가기 시작했다.

시온은 그 모습을 보고 새삼 탄소강의 위력을 느낄 수 있었다.

'같은 철이라도 탄소가 들어간 것만으로 이런 차이가 있다니.'

일방적으로 밀리던 외계 생명체는 얼마 버티지 못한 채 엉덩방아를 찧으며 넘어졌다. 동시에 망치로 변했던 손이 본래 손 모양으로 돌아왔다.

"기운이 빠진 모양이네. 난 이제야 슬슬 몸이 풀리는데."

수호는 약 올리듯 혓바닥을 날름거렸다. 이미 승리를 확신하는 느낌이었다. 외계 생명체는 기분이 상한 듯 거친 콧바람을 내뿜었다.

"경고. 나 화났다. 화나면 무섭다."

"푸훗, 1도 안 무섭거든?"

수호는 엉덩이를 흔들며 놀리기를 멈추지 않았다. 순간 외계 생명체가 작심이라도 한 듯 양손을 뻗어 원소를 끌어모으기 시작했다.

"철! 니켈!"

고함과 함께 철골과 동전 더미에서 빠져 나온 광채가 외계 생명체의 손으로 빨려 들어갔고, 광채는 곧 온몸으로 번져 나갔다.

"저, 저건!"

수호는 물론 시온도 말을 잃을 수밖에 없었다.

이찬 쌤의 과학 수업

1강 산화 과정의 발열을 이용한 핫팩

흔들어 사용하는 핫팩은 비닐 포장을 뜯는 순간 철 가루가 공기 중의 산소와 반응해서 열을 내. 이때 철 가루의 산화 반응이 시작되도록 만드는 방아쇠가 바로 소금과 활성탄이야. 핫팩에는 철 가루와 함께 소금이나 활성탄이 소량 혼합되어 있어서 몇 번 뒤섞어 주면 빠르게 산화가 시작돼. 철 가루는 산화 반응을 통해 산화 철로 변하며 에너지를 방출하는 거야.

에너지는 빛이나 전기 등 여러 형태가 될 수 있지만 화학 반응에서는 열로 방출되거나 흡수되는 경우가 가장 흔해. 높은 에너지를 갖고 있던 금속 철 가루는 에너지를 방출하고 산화 철이 되어 안정해져. 절벽에서 떨어지기는 쉽지만 절벽을 거꾸로 오르기는 어려운 것처럼 산화 철은 저절로 금속 철로 되돌아가지는 못해.

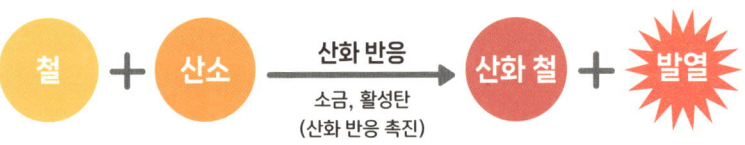

핫팩의 원리는 철(Fe)의 산화 발열 반응이다.
($4Fe + 3O_2 \rightarrow 2Fe_2O_3 + 발열$)

2강 고갈될 염려가 없는 원소, 철

지구에 있는 자원을 사용하다 보면 언젠가 바닥나지 않을까 걱정되기도 해. 하지만 철이 부족할 일은 없어. 지표면에서 우리가 사용할 수 있는 원소 중 철은 네 번째로 많기 때문이야. 돌과 모래를 이루는 원소인 규소, 그리고 산소를 제외하고 지구에서 가장 많은 금속 원소가 알루미늄과 철이야. 아주 먼 옛날 지구가 물과 바다로 뒤덮이기 전에는 산화 철이 너무 많아 지구가 주황색으로 보였을 거라고 하니 철이 얼마나 많은지 알겠지?

지각의 구성 원소
- 산소(O) 46.6%
- 규소(Si) 27.7%
- 알루미늄(Al) 8.1%
- 철(Fe) 5%
- 칼슘(Ca) 3.6%
- 소듐(Na) 2.8%
- 포타슘(K) 2.6%
- 마그네슘(Mg) 2.1%
- 기타 1.5%

열에너지가 가득한 온장고

온장고는 음료나 음식물을 따뜻한 상태로 보관할 수 있는 기기야. 편의점에 가면 흔히 볼 수 있는데, 우리는 온장고 덕분에 겨울에도 따뜻한 음식을 먹거나 마실 수 있어.

온장고는 전기나 가스를 이용해서 뜨거운 바람을 순환시키는 건식과 뜨거운 수증기를 순환시키는 습식으로 나누어져.

실온에 있던 물체를 온장고에 넣어 두면 따뜻해지는 이유는 뭘까? 그건 열에너지가 이동하기 때문이야. 온도가 다른 두 물체를 접촉하게 하면 온도가 높은 쪽에서 낮은 물체로 에너지가 이동해. 높은 온도를 지닌 물체의 온도는 내려가고 낮은 온도의 물체는 온도가 높아지지. 두 물체의 온도가 같아질 때까지 말이야. 이때를 두 물체가 열평형을 이루었다고 해. 그런데 온장고는 전기나 가스 에너지로 계속 열을 공급해서 안에 넣은 물체의 온도를 원하는 만큼 높일 수 있어.

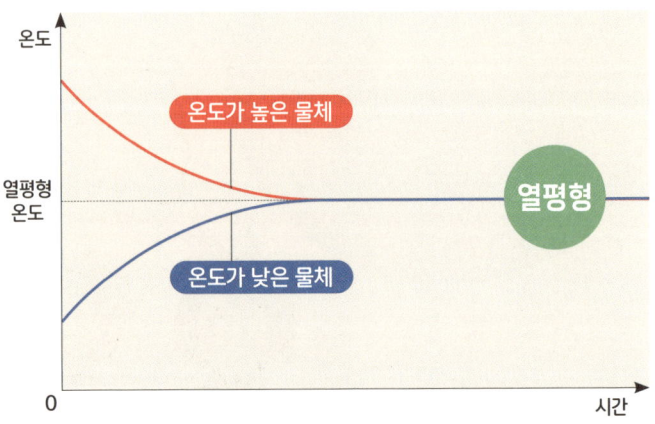

사람의 피는 왜 빨간색일까?

수호는 은행 앞에 피를 흘리고 쓰러진 주희를 보고 크게 놀랐다. 빨간색은 강렬하고 위급한 느낌을 주는데 사람의 피가 빨간색인 이유는 바로 철 원소 때문이다. 철은 우리 몸속에서 산소를 옮기는 적혈구 속 헤모글로빈이라는 단백질의 가장 중요한 부분인 헴(Heme)에서 산소가 직접 달라붙는 부분을 구성하고 있다. 그래서 몸에 철이 부족하면 빈혈이 생기고, 피에서 쇠 맛이 난다고 느껴지는 것이다.

그렇다면 모든 동물의 피는 빨간색일까? 정답은 아니다. 화장품이나 의약품의 원료로 사용하는 투구게의 피는 푸른색을 띤다. 철 대신 구리 이온이 들어 있기 때문이다. 이것을 '헤모시아닌'이라 부른다. 또 갯지렁이와 같은 절지동물의 피는 '클로로크루오린'으로 되어 있어 초록색이며, 조개의 피에는 철이 두 개 들어 있는 '헤메리드린'이 포함되어 있어 보라색을 띤다.

위험한 합동 작전

 외계 생명체의 몸은 어느새 철과 니켈이 합쳐진 합금으로 변해 있었다.

 '원소를 이용해 몸 전체를 바꿔 버렸어.'

 좀처럼 놀라지 않는 시온도 생전 처음 보는 광경에 잠시 얼음이 되었다. 그건 수호도 마찬가지였다. 철과 니켈을 합치면 얼마나 강해지는지 주희에게 들어서 알고 있었기 때문이다.

 "주희가 말한 불변강인가? 강도도 높고 잘 부식되지 않는다고 했어."

 그렇지만 시온 앞에서 약한 모습을 보이고 싶진 않았다.

 "흥, 누가 그 정도로 겁먹을 줄 알고?"

수호는 아무렇지도 않다는 걸 증명하기 위해 더욱 맹렬하게 공격했다. 하지만 수호의 탄소강으로는 불변강으로 변한 외계 생명체를 무너뜨릴 순 없었다. 게다가 쉬지 않고 공격을 이어 간 탓에 수호의 움직임은 점점 눈에 띄게 느려지고 있었다.
 '위험해. 수호의 호흡이 점점 거칠어지고 있어.'
 시온은 수호의 상태를 알아챘다. 하지만 수호의 허점을 발견한 건 시온만이 아니었다. 수호가 잠시 숨을 고르는 사이 외계 생명체는 빠르게 거리를 좁히며 다가와 수호의 가슴을 향해 주먹을 날렸다.
 "크윽."

수호는 짧은 신음을 토하며 바닥에 나뒹굴었다. 그 충격으로 어렵게 얻은 검을 놓친 건 물론이고 통증으로 숨조차 쉬기 힘들었다. 하지만 외계 생명체는 수호에게 짧은 휴식도 허락하지 않고 또 다시 황소처럼 돌진했다. 깜짝 놀란 수호는 공격을 피하기 위해 몸을 움직였지만 똑바로 일어서는 것도 쉽지 않았다. 이대로라면 정면으로 부딪힐 게 뻔했다.

'안 돼!'

수호는 이를 악물고 어떡하든 위기를 벗어나기 위해 휘청거리는 발을 억지로 움직였다. 그와 동시에 측면에서 겨드랑이를 파고드는 그림자를 보았다.

"나한테 기대."

시온이었다.

시온은 비틀거리는 수호를 부축한 채 재빨리 옆으로 몸을 날려 외계 생명체의 공격을 피했다. 하지만 시온에게 부축을 받은 게 창피했던 수호는 고맙다는 말 대신 짜증을 냈다.

"난 괜찮으니까 선배 앞가림이나 해요."

수호는 시온을 밀어내며 인상을 썼다. 그러자 시온이 수호의 팔뚝을 낚아채며 쏘아붙였다.

"바보야, 착각하지 마. 네가 걱정돼서 이러는 줄 알아?"

"그럼……?"

"네가 뻗으면 다음은 나라고. 그러니까 날 위해 널 돕는거야."

수호는 시온의 말뜻을 정확히 이해할 수 없었다. 하지만 한 가지는 분명해 보였다. 적어도 지금 이 순간만큼은 자신과 시온이 한 팀이었다. 아토모스 기사단이라는 이름으로.

"네가 좋아서 하는 말이 아니라 날 위해서 제안하는 거야. 우리 아주 잠깐만 힘을 합치지 않을래?"

시온이 외계 생명체에게 시선을 고정한 채 들릴 듯 말 듯 중얼거렸다. 말은 안 했지만 외계 생명체의 공격으로 고전할 때부터 수호도 알고 있었다. 두 사람이 힘을 합치지 않으면 결코 이길 수 없는 상대라는 걸 말이다.

"좋은 생각이라도 있어요?"

"넌 니켈 합금을 박살낼 수 있는 더 강한 합금을 만들어. 그동안 난 녀석의 몸에서 니켈을 분리해 낸 뒤, 대신 산소를 집어넣을게."

"그 말은······?"

"산화시킨다는 거야. 간단히 말해 철에 녹이 슨다고 생각하면 돼."

산화가 된 상태라면 같은 공격이라도 효과가 커질 게 분명했다. 문제는 타이밍이었다. 외계 생명체가 작전을 눈치채기 전에 두 사람이 빠른 시간 안에 손발을 맞춰야 했다.

"좋아, 해 봐요."

수호가 굳은 표정으로 시온을 바라보자 시온은 말없이 고개를 끄덕였다.

한편 외계 생명체는 실패한 공격을 만회하기 위해 다시 수호와 시온 쪽으로 접근하고 있었다. 시온은 수호가 새로운 무기를 만들 수 있는 시간을 벌어 줄 요량으로 일부러 외계 생명체를 향해 시답지 않은 발차기를 날렸다. 그 사이 수호는 얼른 필요한 원소들을 찾아 나섰다.

'니켈 합금보다 더 강력한 게 필요해.'

고민 끝에 수호는 불변강에 한 가지 원소를 더 첨가하기로 결심했다.

'녀석이 철과 니켈, 두 가지 합금이라면 난 하나를 더 넣는 거야. 철에 탄소가 많으면 강하고 질겨진다고 했지.'

문제는 이 세 가지를 동시에 합치는 것이었다.

'한 번도 시도해 본 적 없는데…….'

실패하면 모든 계획이 틀어진다고 생각하자 수호는 자기도 모르게 몸에 힘이 들어갔다. 하지만 망설인다고 상황이 나아지는 것도 아니었다.

'그래, 일단 해 보는 거야!'

수호는 마음속으로 고함을 지르며 손을 펼쳤다. 그와 동시에 어느 때보다 빠른 속도로 원자들이 수호의 손끝으로 모여들었다.

'좋아. 이제 세 원소를 합치기만 하면 돼.'

파앙!

　수호가 양손을 맞부딪치자 지금까지 본적 없는 눈부신 섬광이 터져 나왔다. 그리고 그 섬광이 사그라들면서 철과 니켈, 탄소가 결합된 검이 보였다. 시온은 고개를 끄덕였다.
　'다음은 내 차례군.'
　시온은 수호가 성공적으로 무기를 만들자 다음 단계를 준비하기 위해 한 발짝 물러섰다. 동시에 수호가 빈 공간을 파고들어 와 외계 생명체의 시선을 뺏었다.

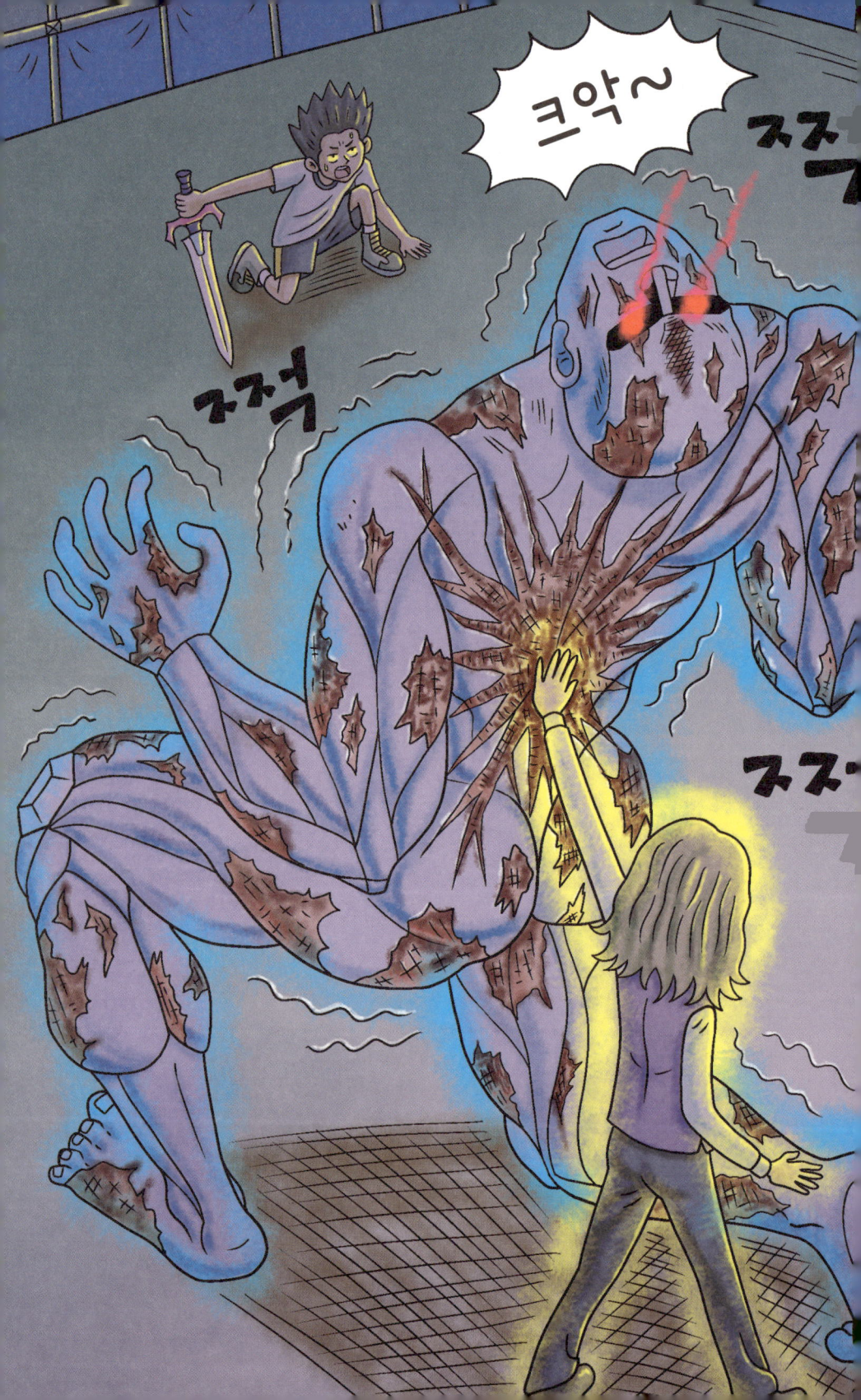

'수호가 시간을 끄는 동안 서둘러야 해.'

시온은 외계 생명체 몰래 뒤로 돌아가 외계 생명체의 등을 향해 한 손을 뻗었다. 반대편 손은 공기 중에서 산소를 끌어모으기 위해 하늘을 향해 치켜들었다.

"니켈 원소! 산소 원소 추출!"

순식간에 시온의 손바닥 가득 빛나는 원자들이 모여들었다. 충분한 양이 모였다고 느껴지자 하늘로 쳐들었던 손을 내려 외계 생명체의 몸에 산소를 집어넣기 시작했다.

"산화!"

산소와 만난 철은 빠른 속도로 부식을 일으키기 시작했다.

'지금이야! 이 틈에 어서 해치워야 해!'

수호는 재빨리 검을 들어 산화된 외계 생명체를 내리쳤다. 다음 순간 엄청난 굉음과 함께 외계 생명체가 튕겨 나가더니 그대로 난간을 뚫고 건물 아래로 떨어졌다.

콰아아앙!

수호와 시온은 잠시 멍한 표정으로 건물 아래를 내려다보았다. 둘 다 이렇게까지 쉽게 이길 줄은 몰랐던 눈치였다. 그때 수호는 이찬 선생님이 했던 말이 떠올랐다.

"세상에 완벽한 사람은 없어. 우리에게는 한 명의 영웅보다 서로의 등을 지켜 줄 사람이 필요해."

아주 잠깐이지만 시온 선배에게 등 뒤를 맡길 수 있겠다는 생각이 들었다.

소식을 들은 이찬 선생님이 진진, 대범과 함께 현장에 도착했을 땐 이미 바닥에 떨어진 외계 생명체가 원자로 변해 흔적도 없이 사라진 뒤였다. 그나마 한 가지 소득이라면 옥상에서 외계 생명체의 것으로 보이는 수상한 상자를 발견했다는 정도였다.

한편 얼마 떨어지지 않은 숲속에서 조르조르가 복수에 불타는 눈빛으로 자신들을 엿보고 있다는 사실을 아토모스 기사단 누구도 알지 못했다.

다음 날.
아토모스 기사단 아이들은 아침 일찍 이찬 선생님의 연락을 받고 동아리실에 모였다.

그 가운데는 주희도 있었다.

"주희야, 괜찮아?"

"응, 그냥 팔이랑 다리에 찰과상만 입었어."

주희는 미안한 표정을 짓는 수호에게 애써 환한 미소를 지어 보였다.

그러나 자신의 잘못으로 주희가 다쳤다는 죄책감에 수호는 여전히 마음이 편치 않았다. 그러는 사이 이찬 선생님이 전날 건물 옥상에서 발견한 상자를 가져와 탁자에 놓았다.

"모두 주목!"

아이들이 탁자 주위로 몰려들었다.

"아침부터 너희들을 모이라고 한 이유는 바로 이것 때문이다."

"상자를 여는 데 성공하셨어요?"

진진이 호기심 가득한 표정으로 안경을 밀어 올리며 물었다.

"자물쇠를 여는 건 어렵지 않더구나. 조사 결과 방사능이나 폭발의 위험도 안 보이고. 그래서 일단 열었지 뭐."

"뭐가 들어 있었죠?"

시온이 예리한 눈빛을 번득이며 물었다.

"직접 보거라."

이찬 선생님은 육중한 상자의 뚜껑을 천천히 열었다. 낡은 경첩이 삐걱거리며 뚜껑이 열리자 상자 안에는 정체를 알 수 없는 쇳덩이들이 보였다.

"이게 뭐죠?"

수호의 질문에 주희가 선생님 대신 대답했다.

"자석이야."

"자석?"

"산화 철이나 니켈 같은 걸 이용해서 만든 자석 같아."

수호는 물론 진진과 대범도 의외라는 듯 고개를 갸웃했다. 그도 그럴 것이 외계 생명체가 그토록 힘들게 모은 금속으로 만든 게 기껏 자석이라니. 도무지 이해할 수 없었다. 하지만 이찬 선생님의 생각은 달랐다.

"자석은 쉽게 볼 물건이 아니야. 현대 기술을 유지하는 데 아주 중요한 소재 중 하나지. 예를 들어 전기를 이용해 동력을 만드는 전동기는 자석이 없으면 안 돼. 또 전기 에너지를 생산하는 발전기에도 자석이 사용되지."

"그렇다면 외계 생명체는 대체 자석을 어디에 사용하려던 걸까요?"

수호의 질문에 이찬 선생님은 고개를 저었다.

"글쎄, 그건 모르겠다. 확실한 답을 알기 위해선 좀 더 조사를 해 봐야 할 것 같구나."

그때 상자 안을 살펴보던 주희가 뭔가를 발견하고 놀란 표정을 지었다.

"어! 근데 이건 또 뭐죠? 이건 자석이 아닌데."

주희가 가리키는 곳에는 정체불명의 기계 장치가 있었다. 어른 팔뚝만한 타원형의 기계 장치는 많이 낡아 보였다.

"안 그래도 조사 중이다. 한데 아직은 잘……."

"혹시 외계 생명체의 우주선 문을 열 때 사용하는 건 아닐까?"

수호가 턱을 만지작거리며 엉뚱한 소리를 하자 진진과 대범도 한마디씩 거들었다.

"외계 생명체들이 사용하는 무기일지도 몰라."

"혹시 외계 생명체의 도시락은 아닐까?"

진진은 대범의 말에 어이없다는 듯 웃었다.

"대범이 넌 먹는 거 말곤 관심이 없지?"

"아니거든!"

결국 아침 수업 시간이 얼마 남지 않아 회의는 흐지부지 마무리되고 말았다. 수호는 동아리실을 나오며 생각에 잠겼다.

'외계 생명체와의 싸움은 이제부터야. 우리가 그들에 대해 알려고 하면 할수록 그들은 우릴 가만히 두지 않을 거야. 그리고 그렇게 되면…….'

생각하기도 싫었지만 다음엔 더 위험한 상황을 맞을 수도 있었다. 수호는 강해져야겠다고 다짐하며 아무도 모르게 주먹을 꽉 움켜쥐었다.

그런데 갑자기 대범이 수호에게 코코아 음료수 캔을 내밀었다.

"웬 코코아?"

수호가 어리둥절한 표정을 지으며 대범을 바라봤다. 그러자 옆에 있던 진진이 말했다.

"어제 시온 선배가 산 거야. 교대할 때 너한테 주라고."

"주희 일로 정신이 없어서 그만 깜박했어."

"시온 선배가?"

수호는 그 말을 믿을 수 없었다. 평소에 자기를 못마땅하게 여기며 툭하면 시비를 거는 시온 선배가 자신을 위해 음료수를 샀다니.

수호는 코코아를 받아 든 채 앞서 계단을 내려가는 시온의 등을 물끄러미 바라보았다.

산화와 환원의 정의

산화와 환원을 구분하는 방식은 크게 세 가지로 나눌 수 있어.

첫째, 어떤 물질이 산소와 결합하면 산화, 반대로 산소가 떨어지면 환원이야. 흔히 녹이 슨다고 말하는 것은 철이 공기 속 산소와 결합하여 산화되는 걸 뜻해. 반대로 철광석처럼 산화된 철에서 산소가 제거되면 환원되어 우리가 생각하는 철이 만들어져.

둘째, 어떤 물질에서 수소가 떨어지면 산화, 수소가 결합하면 환원이야. 일상 속에서 발견하기는 쉽지 않지만 화학 반응에서는 흔한 현상이야. 수소와 산소가 만나 물이 만들어지는 것이 바로 환원이지.

마지막으로, 어떤 물질에서 전자가 떨어져 나오면 산화, 반대로 전자가 추가되면 환원이야. 철(Fe)에서 전자가 떨어져 철 양이온(Fe^{2+} 또는 Fe^{3+})이 된다면 산화가 일어난 것이고, 반대로 전자가 결합한다면 산화 철에서 철로 환원되는 거야.

금속이 산소를 만나 산화되는 걸 막기 위해서는 표면에 기름, 페인트를 바르거나 금처럼 반응성이 낮은 원소로 도금을 하는 방법이 있어.

속도에 따른 산화 반응의 구분

산화 반응은 속도에 따라서 구분할 수도 있어. 물질이 산소와 결합하며 빛과 열을 내는 연소, 폭발은 빠른 산화 반응이야. 반면 금속이 녹스는 부식이나 껍질을 깐 사과의 색이 변하는 갈변, 기름이 변질되는 산패, 식품의 발효는 느린 산화 반응에 속해. 물론 느린 산화 반응도 몸속에서 효소가 도와주는 것처럼 촉매를 사용하면 빨라질 수 있어.

3강 불변강의 활용

불변강은 철에 니켈, 크로뮴 등의 원소를 섞어 만든 합금이야. 일반적인 금속은 온도에 따라 팽창과 수축을 해. 뜨거운 여름에는 늘어나고 추운 겨울에는 길이가 줄어들지. 하지만 불변강은 온도의 영향을 받지 않기 때문에 어떤 환경에서도 항상 일정해야 하는 줄자, 표준자, 시계추를 비롯해 정밀한 기계의 부품 재료로 쓰여. 불변강은 어떤 원소가 섞이는지, 얼마나 섞였는지에 따라 조금씩 특징이 다르고 쓰임새도 달라.

북극에서도 끄떡없구나!

산화된 철도 쓸모가 있다고?

니켈 합금으로 변한 외계 생명체를 공격하기 위해 시온은 합동 작전을 제안한다. 한 사람이 외계 생명체의 몸에서 니켈 원소를 뽑아내고, 산소를 넣어 산화시키는 사이 다른 한 명이 강한 합금 무기를 만들어 공격하는 것이었다.

산화된 철은 손으로 바스러뜨릴 수 있을 정도로 강도가 약해진다는 점을 이용한 공격이었다. 하지만 다른 측면에서 생각하면 산소와 충분히 결합시킨 철은 더 이상의 변질이 없는 안정한 철 재료가 된다. 실제로 머리카락 두께의 1/10000 정도 크기인 아주 작은 산화 철 알갱이 '나노 입자'는 MRI를 찍을 때 사용한다. 몸속에 주입된 산화 철 알갱이들을 '조영제'라고 부르는데, 이것을 주사하고 촬영하면 그림자를 선명하게 만들어 영상이 잘 보이게 하는 역할을 한다. 또한 세균과 같은 미생물을 붙잡아 제거하는 자석 로봇, 치료제를 붙인 약 전달용 물질에도 산화 철이 사용된다.

수호의 비밀 연구노트

원소 주기율표

1 H 수소																	
3 Li 리튬	4 Be 베릴륨																
11 Na 소듐	12 Mg 마그네슘																
19 K 포타슘	20 Ca 칼슘	21 Sc 스칸듐	22 Ti 타이타늄	23 V 바나듐	24 Cr 크로뮴	25 Mn 망가니즈	26 Fe 철	27 Co 코발트	28 Ni 니켈	29 Cu 구리							
37 Rb 루비듐	38 Sr 스트론튬	39 Y 이트륨	40 Zr 지르코늄	41 Nb 나이오븀	42 Mo 몰리브데넘	43 Tc 테크네튬	44 Ru 루테늄	45 Rh 로듐	46 Pd 팔라듐	47 Ag 은							
55 Cs 세슘	56 Ba 바륨	57 - 71 란타넘족	72 Hf 하프늄	73 Ta 탄탈럼	74 W 텅스텐	75 Re 레늄	76 Os 오스뮴	77 Ir 이리듐	78 Pt 백금	79 Au 금							
87 Fr 프랑슘	88 Ra 라듐	89 - 103 악티늄족	104 Rf 러더포듐	105 Db 더브늄	106 Sg 시보귬	107 Bh 보륨	108 Hs 하슘	109 Mt 마이트너륨	110 Ds 다름슈타튬	111 Rg 뢴트게늄							

		57 La 란타넘	58 Ce 세륨	59 Pr 프라세오디뮴	60 Nd 네오디뮴	61 Pm 프로메튬	62 Sm 사마륨	63 Eu 유로퓸	64 Gd 가돌리늄
		89 Ac 악티늄	90 Th 토륨	91 Pa 프로트악티늄	92 U 우라늄	93 Np 넵투늄	94 Pu 플루토늄	95 Am 아메리슘	96 Cm 퀴륨

원자 번호 → 1
원소 이름 → H 수소 ← 원소 기호

- 알칼리 금속
- 알칼리 토금속
- 전이 금속
- 란탄족(내부전이 금속)
- 악티늄족(내부전이 금속)
- 전이 후 금속
- 준금속
- 다원자 분자 비금속
- 이원자 분자 비금속
- 비활성 기체
- 성질을 아직 정확히 모름

					2 He 헬륨
5 B 붕소	6 C 탄소	7 N 질소	8 O 산소	9 F 플루오린	10 Ne 네온
13 Al 알루미늄	14 Si 규소	15 P 인	16 S 황	17 Cl 염소	18 Ar 아르곤
30 Zn 아연	31 Ga 갈륨	32 Ge 저마늄	33 As 비소	34 Se 셀레늄	35 Br 브로민	36 Kr 크립톤
48 Cd 카드뮴	49 In 인듐	50 Sn 주석	51 Sb 안티모니	52 Te 텔루륨	53 I 아이오딘	54 Xe 제논
80 Hg 수은	81 Tl 탈륨	82 Pb 납	83 Bi 비스무트	84 Po 폴로늄	85 At 아스타틴	86 Rn 라돈
112 Cn 코페르니슘	113 Nh 니호늄	114 Fl 플레로븀	115 Mc 모스코븀	116 Lv 리버모륨	117 Ts 테네신	118 Og 오가네손
65 Tb 터븀	66 Dy 디스프로슘	67 Ho 홀뮴	68 Er 어븀	69 Tm 툴륨	70 Yb 이터븀	71 Lu 루테튬
97 Bk 버클륨	98 Cf 캘리포늄	99 Es 아인슈타이늄	100 Fm 페르뮴	101 Md 멘델레븀	102 No 노벨륨	103 Lr 로렌슘

26 Fe 철
28 Ni 니켈
29 Cu 구리
30 Zn 아연

시온, 다시는 나를 무시하지 못하게 만들겠어! 오늘부터 원소 공부 시작이다!

26	
Fe 철	✨ 오늘의 원소 철 Iron ✨ 한마디로 표현하자면? 흔하지만 쓸모가 많은 금속

현대 사회의 뼈대

- 자석에 붙기도 하고 자석이 되기도 하는 원소
- 수많은 합금의 핵심 재료
- 질소 비료를 만드는 최초의 금속 촉매

✓ 화학계열	전이 금속
✓ 상온(20℃)에서 상태	고체
✓ 원자량	55.845g/mol
✓ 녹는점	1538℃
✓ 색	은회색
✓ 끓는점	2862℃

자석에 붙는 금속은 따로 있다

금속은 모두 자석에 붙을 것 같지만 의외로 자석에 붙는 금속은 적다. 철, 니켈, 코발트 정도가 자석에 붙는 대표적인 금속이다. 재미있는 사실은 자석을 만드는 재료 역시 철이라는 점이다.

다양한 산화 철

철은 산소와 만나면 녹슬어 산화 철이 된다. 산화 철의 형태는 전자를 두 개 빼앗긴 Fe^{2+}의 산화 철(II)과 전자를 세 개 빼앗겨 만들어진 Fe^{3+}의 산화 철(III)로 나뉜다. 또한 이들이 뒤섞인 산화 철(II, III)도 있으며 화장품, 물감의 안료나 산업 분야에서 다양하게 사용된다. 붉게 녹슨 철은 자석에 붙지 않지만, 모래 속을 자석으로 휘저었을 때 달라붙는 검은색 물질 역시 산화 철이다.

끝나지 않은 철기 시대

인간은 석기 시대와 청동기 시대, 그리고 철기 시대를 거쳐 왔다. 그렇다면 지금은 어떤 시대라고 말할 수 있을까? 건물과 자동차를 포함한 주위 모든 도구를 만드는 데 철이 중요하게 사용되기 때문에 어떤 사람들은 지금 역시 철기 시대라고 한다. 한편 전자 기기를 만드는 재료인 규소가 모래에서 나오기 때문에 제2의 석기 시대라 부르는 이들도 있다.

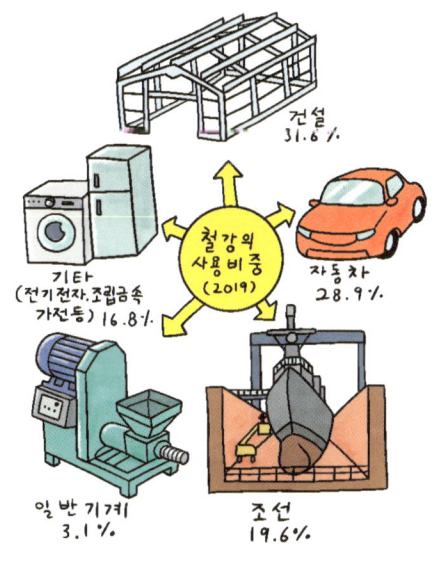

28 Ni 니켈

⭐ 오늘의 원소
니켈 Nickel

⭐ 한마디로 표현하자면?
과거부터 미래까지 중요한 금속

자석과 친한 금속

- 동전의 재료
- 친환경 에너지 개발에 필요한 촉매 금속
- 원시 생명의 비밀을 풀 단서

✓ 화학계열	전이 금속	✓ 상온(20℃)에서 상태	고체
✓ 원자량	58.693g/mol	✓ 녹는점	1455℃
✓ 색	은백색	✓ 끓는점	2730℃

체크 무늬가 있는 니켈

금속 상태의 순수한 니켈을 볼 기회는 흔치 않다. 철과 합금으로 이루어진 금속성 운석에서 니켈을 발견할 수 있는데, 니켈-철 합금은 지구 대기권을 통과하며 마찰열에 의해 달궈져 체크무늬가 수없이 교차하는 멋진 모습으로 지구에 도착한다.

생명체는 어떻게 만들어졌을까?

과학자들은 생명체를 이루는 단백질이나 유전 물질 등이 바닷속에서 먼저 탄생했을 거라고 말한다. 그 순간을 관찰한 사람은 없지만, 니켈이 포함된 최초의 효소들이 생명체를 이루는 물질을 만들기 시작했을 것으로 추측하고 있다.

니켈의 쓸모

지구에서 사용할 수 있는 가장 유용한 에너지원은 바로 태양빛과 물이다. 특히 물은 지표면의 약 70%를 덮고 있을 만큼 풍부한데, 태양열이나 화학 반응을 이용해 분해하면 나오는 산소와 수소 역시 쓸모가 많다. 산소는 생명체가 호흡할 때 필요하며 화학 반응에 쓰이기도 한다. 수소는 석탄과 석유를 대신할 친환경 연료로 주목받고 있다. 이렇게 물을 산소와 수소로 나눌 때 이용되는 것이 바로 니켈이다. 이 때문에 과학자들은 니켈에 많은 관심을 보이고 있다.

29 Cu 구리

⭐ 오늘의 원소
구리 Copper

⭐ 한마디로 표현하자면?
시대를 주름잡던 역사 깊은 금속

색이 독특한 금속

- 세균과 바이러스를 제거하는 금속
- 인간이 오래전부터 사용한 금속 중 하나
- 전기가 잘 흐르는 최고의 통로

화학계열	전이 금속
원자량	63.546g/mol
색	붉은 주황색
상온(20℃)에서 상태	고체
녹는점	1084℃
끓는점	2562℃

전선의 조건

전기가 통하는 금속 원소라고 해서 모두 전선의 재료로 적합한 것은 아니다. 전구 속 필라멘트나 온열기의 니크롬선처럼 전기의 흐름을 방해하는 요소인 저항이 높다면 전기가 흐르는 과정에서 많은 부분이 빛이나 열에너지 형태로 사라지기 때문이다. 전기 저항이 낮은 대표적인 원소는 금과 은이다. 하지만 가격이 비싸서 산업용으로 널리 사용되기 힘들다. 가격과 전도성, 다루기 쉬운지까지 고려했을 때 구리는 전선을 만들기 위한 최고의 금속이다.

세균 잡는 구리

구리가 세균을 죽인다는 사실은 잘 알려져 있다. 심지어 바이러스를 제거하는 효과도 있어 코로나가 유행한 후 우리 주변에서 더 쉽게 찾아볼 수 있다. 사람의 손이 자주 닿는 손잡이는 물론이고, 엘리베이터 버튼 위를 덮은 필름에도 구리가 포함된 경우가 많다.

자유의 여신상은 원래 붉은색이었다고?

우리는 녹슬었다는 말을 들으면 붉은색을 먼저 떠올린다. 하지만 구리의 녹은 푸른색이다. 구리 녹을 볼 수 있는 가장 대표적인 조형물은 미국 뉴욕에 있는 자유의 여신상이다. 자유의 여신상은 겉면이 구리로 덮여 있어 제작된 지 얼마 지나지 않았을 때는 주황빛이었다. 하지만 오랜 시간 동안 비와 바람을 맞으며 산화되어 우리에게 익숙한 푸른색으로 변했다.

30 Zn 아연

★ 오늘의 원소
아연 zinc

★ 한마디로 표현하자면?
생명의 금속

생체 효소의 필수 원소

- 전지 발명과 전기 발생의 시작
- 탈모를 막아 주는 금속
- 합금에서 자외선 차단제까지

✓ 화학계열: 전이 금속	✓ 상온(20℃)에서 상태: 고체
✓ 원자량: 65.38g/mol	✓ 녹는점: 420℃
✓ 색: 푸르스름한 백색	✓ 끓는점: 907℃

햇볕을 막는 보호막

우리는 햇볕에 그을리는 것을 막고 자외선으로부터 피부를 보호하기 위해 선크림을 바른다. 선크림 중 무기자차라고 불리는 광물성 선크림에는 징크 옥사이드(Zinc oxide) 성분이 들어있는데, 이것이 바로 산화 아연이다. 징크 옥사이드는 피부 표면에 물리적인 보호막을 만들어 자외선이 피부에 닿는 걸 막는다.

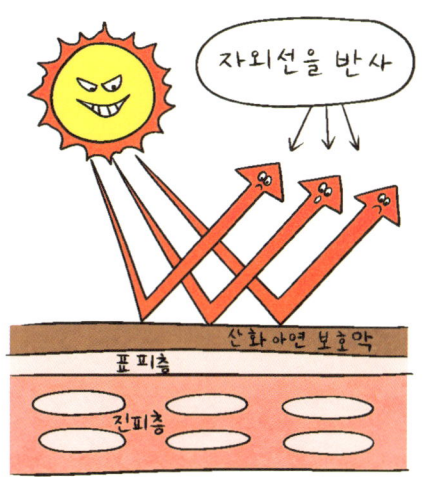

인체의 필수 무기질, 아연

필수 무기질이자 소화와 호흡, 면역, 신진대사와 성장까지 관여하는 아연이 부족하면 신체에 여러 문제가 발생하는데, 대표적인 증상은 손톱에 하얀 가로줄 무늬가 생기는 것이다. 하지만 아연을 너무 많이 섭취해도 메스꺼움이나 경련, 설사와 청각 손실이 발생할 수 있으니 주의해야 한다.

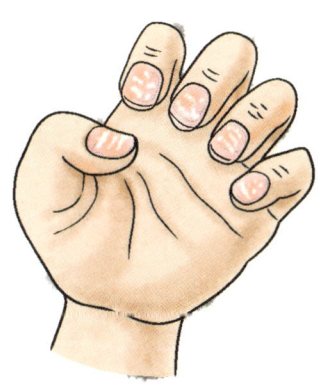

아연과 닮아 위험한 중금속

아연은 생체 필수 금속 원소지만, 아연과 같은 족에 속한 카드뮴(Cd)과 수은(Hg)은 생체에 있어서는 안 되는 중금속 원소다. 이들은 아연이 작용해야 하는 중요한 부위에 대신 달라붙어 인체의 기능을 망가뜨리고 중독을 일으킨다.

초등 교과 연계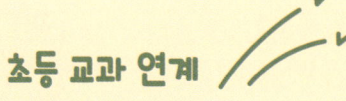

과학 3-1 2. 물질의 성질
과학 3-2 4. 물질의 상태
과학 5-1 2. 온도와 열
과학 5-1 4. 용해와 용액
과학 5-2 5. 산과 염기
과학 6-2 1. 전기의 이용